오늘의문학시인선 442

은하계 아내별 통신

이 목 윤 시 집

오늘의문학사

은하계 아내별 통신

■ 머리말

2018년이 저물어, 2019년을 맞습니다.
집에만 갇혀있어야 하는 환자의 세월도 부질없이 흘러갑니다.

제6시집 『영혼의 반짇고리』(2014년 10월)후 4년여 만에 이번 시집 『은하계 아내별 통신』을 냅니다.

여섯 번째 시집을 내고 바로 역사소설 『약무호남 시무국가』를 쓰기 시작했는데, 중간에 2015년 7월 29일 마누라를 하늘로 떠나보내는 고통을 겪습니다. 그 충격으로 한 1년을 허송하다가 2017년 7월에야 그 소설을 종결지었습니다.

그리고 바로 이 시집을 엮으려고 애를 썼습니다만, 시들시들 몸이 아프기 시작합니다. 숨쉬기가 힘든 아픔인데, 무슨 연유인지 알아내지 못하는 병을 앓으면서, 조금씩 머리조차 어두워가고 있습니다. 아마 마누라 옆으로 가고 싶어 애자져 하는 병인지도 모르지요.

그래서 어쩜 마지막이 될지도 모르는 시집을 꾸려보았습니다. 오래 전에 완결지어 놓고 기회가 안 나 발표하지 못한 고향의 유년 이야기를 묶고, 근래에 틈틈이 적어온 마누라를 기리는 작품이 주를 이룹니다.

시집을 낼 때마다 느끼는 바이지만, 이번에도 다시 낯설고 가슴 설레면서, 몇%쯤 어쭙잖은 감 있습니다. 결국 미완성임을 어찌하겠습니까, 양지하심을….

추운 겨울이 가고 봄이 오고 있습니다. 문우 여러분과 독자 여러분의 건강과 행운이 함께 하시길 기원합니다.

언덕의 하얀 집 101호에서
저자 이 목 윤

■ 머리말 ──────── 4

1부 한편의 詩를 위해

별이 되고 밤바다 승천하고 ──── 13
유성 ──────── 14
화문석 영탄 ──────── 15
파초 앞에서 ──────── 16
꽃 그 절대값 ──────── 17
어메! 이팝 꽃 지네 ──────── 18
한편의 詩를 위해 ──────── 19
꽃잎은 바람에 지고 ──────── 23
시인들 골방 벗어나기 ──────── 24
길동무 1 ──────── 25
길동무 2 ──────── 27
섭리(攝理)를 풀어보다 ──────── 29
그 춤꾼은 백합이더라 ──────── 32
부채 ──────── 34
시화(詩畵) 감상 ──────── 35
노병의 저녁 기도 ──────── 36

2부 은하계 아내별 통신

- 아내의 단풍 — 41
- 시인의 아내 — 42
- 바다에 뜬 섬 — 43
- 당신 쓰러지던 날 — 44
- 혼자 서럽네 — 45
- 이대로는 아니됩니다 — 46
- 운명의 날 — 47
- 불꽃 7월 29일 — 48
- 이별이 아닙니다 — 49
- 나도 모릅니다 — 51
- 아내 이름 김남순 — 53
- 더 더욱 사랑하래요 — 54
- 부르다가 죽을 이름 — 55
- 당신의 젖가슴 — 56
- 아니야 아니네 — 57
- 사노라면 잊힌다는 말 — 58
- 은하계 아내별 통신 1 — 59
- 은하계 아내별 통신 2 — 62
- 은하계 아내별 통신 3 — 64
- 은하계 아내별 통신 4 — 65
- 은하계 아내별 통신 5 — 67
- 은하계 아내별 통신 6 — 69
- 은하계 아내별 통신 7 — 72

3부 우리에게 오늘은

우리에게 오늘은 —————— 81
명예를 짓는 능소화 —————— 83
그 날, 병 문안 —————— 84
우리는 무 한 대 —————— 85
부르고 싶은 이름 —————— 86
김준영 스승님의 유택에 가다 —— 87
사부(師傅) 그리운 노래 ———— 89
소설가 아오스딩 하늘에 들어 —— 92
웃음과 눈물의 대비 —————— 95
서러운 날 설움이 떠나시는 날 — 97
시간에 갇힌 슬픈 백성들 ———— 99
사랑할 수 있어요 —————— 101
詩心이 천심(天心)이니까 ———— 102
전화 벨 새소리 —————— 103
노을이 아름다울 수 있음은 —— 105
진혼곡 울어 지친 65주년 ———— 106

4부 굴렁쇠의 본향

굴렁쇠의 본향 —————— 115
그 여름 긴긴 날 —————— 117
소양초등학교 —————— 118
윤 사월 —————— 119
할머니 사랑 1 —————— 120
할머니 사랑 2 —————— 121
좋은 날의 추억 1 —————— 122
좋은 날의 추억 2 —————— 123
좋은 날의 추억 3 —————— 124
좋은 날의 추억 4 —————— 125
좋은 날의 추억 5 —————— 126
할머니를 기다리며 —————— 127
회상 추모의 정한 —————— 129
소양천(所陽川) 흐르며 —————— 130
봉동 이장 최강희 —————— 132
덕진호반 연꽃에게 —————— 133
그래도 전라북도야! —————— 134
호남제일문 —————— 136
전주 예찬 —————— 138
님들은 영원의 해 보라 —————— 139

5부 노병은 사라지리라

머들령 추억 ——————— 145
선암사 기행 ——————— 147
여름 끝 소중한 날 —————— 148
어느 노병의 연가 —————— 149
그리움 ————————— 150
골프 —————————— 151
한 표의 의미 ——————— 152
늙으면 눈물이 많아 진다 ———— 153
잠들지 못하는 밤 —————— 154
노병은 사라지리라 —————— 156

이목윤 시집 발문
구심력과 원심력의 가슴앓이 변주 — 157

1부

한 편의 詩를 위해

별이 되고 밤바다 승천하고

새벽녘 봄비로 와 맺었으니
가지마다 새 눈 나와 꽃으로 피어라.
동녘 바람으로 와 빗었으니
꽃마다 나비로 날아 춤이 되거라.

이름 없는 산골짝
옹달샘에서 별이 시작하듯
너의 직관이 열려
온통 꽃동산이었다.
자글자글 열매를 맺어 세월이 되고
너의 영감은 내달아
춤추는 물결이다.

소리 없이 울음 우는 백강이 다 은하수 되어
너 바람과 빛은
너의 시는
별이 되고
밤마다 승천하고.

유성

오늘 밤
별이 더 빛남은
하늘을 보는 내 눈이
유난히 맑고 깊기 때문입니다.

내 열린 눈은 詩心이오
나의 詩는 별이오
별은 나의 詩라고 믿기 때문입니다.

아— 저런
오늘도 내 詩 한편
불합격입니다.
꼬리를 긋고 어디론가 떨어집니다.

그렇게도
그렇게도 어렵습니다.

화문석 영탄

내 거실로 이사 온 지 30여 년
한결같이 맑은 얼굴
아름답고 젊구나.

치과에 가는 일도 없고
X-ray를 찍을 일도 없으니
넋두리와 짜증이 가득한 날에도
날 어르고 이끄는 너
돌아가면서 그려내는 화문의 비경
오늘도 천상을 날고 있구나.

주인은 늙어 떠날지라도 너는
아프지 말고 늙을 줄 몰라라
죽지 않는 영원의 생명

떠나온 하늘의 구름을 그리고
거기 솔바람 속에 새 울음 그려내 듯
예쁘게 그려 줄 건지?

파초 앞에서

파초! 넌,
저 넓은 잎으로
파란 하늘을 품고 있어서
태양처럼 붉은 꽃을 피우나 봐
그지?

아니, 그걸 어찌 알아!
아는 걸 보니 당신도
한 때는 파래 본 적 있었나 보다.

있지, 아무렴 있어.
넓게 팔 벌려 키 높던 푸른 유니폼
하늘을 받들고
국토를 받들고 뜨거웠던 젊음…
꽃을 못 피우고
포연에 피로 쏟아버렸어

이제 아련한 꿈일 뿐이라네.

꽃 그 절대값

나무를
심을 수는 있지만
꽃을
피울 수는 없네

장미
송이마다
색의 절대 값
그 씨방

모두
하나님이 하시는 일.

어메! 이팝꽃 지네

저 여자
애시당초 시집 적부터
환―한 게, 참 거시기 헛제!
그려, 저니 이름도 이팝이어.
한참 완숙해서 더 푸지네.
고봉으로 핑께 더 눈부셔
정말이지 환장 허것다이!
글쎄 쥑여준다 그냥.
(… … …)
어매―! 저 바람꽃 다 지네.
밥풀 날리는 저 구름 좀 봐!
아니! 저 치매자락 나풀거리는
춤사위도 좀 봐!
어찌 고로코롬 눈물나게
잠깐 왔다 가는 춤사위다냐!
더 미치고 환장 허것다이
글쎄 니 말따나 쥑여준다!
휘영청 달 떠 오릉께
더 못 참겠다 꾀꼴….

한편의 詩를 위해

한편의 詩를 위해
계절은 가을로 깊어갑니다.

땅의 정령은 온 산에 불을 질러
설화처럼 '가시네 똥꼬 볼 때 똥떼'
훨훨 타오르고
호수의 요정은 허공을 안아다
자지러지는 입맞춤
전설처럼 '얼레리 꼴레리 찰떡궁 멧떡궁'
조개구름 몰아와
무슨, 무슨 이름의 명패를 달고 축제를 엽니다.
또 보셔요,
풀벌레들의 노래 쌍쌍이 어우러지고
하늘의 신령은
당신의 보석을 있는 대로 다 뿌려
반짝이는 꽃밭을 열고
거기 심어질 또 다른 꽃
신화처럼 如如한 詩를 찾아 깜박이고 있습니다.
그 뿐이옵니까?

계절마다 변화구를 던져
서로 다른 감성과 풍광을 열고
아침마다 새로 떠오르는 경외와
때 맞춰 옷을 갈아 입는 신묘와 경탄
당신의 詩로 숨쉬게 하고
당신의 詩를 마시게 하고
그러고도 날마다 詩 쓰기를 가르치고 권유하여
거기 별, 밭으로 옮겨갈 詩를 찾고 있습니다.

지구본을 돌려가며 '가나다'로 씨줄 놓고
'알리바바와 사십인의 도적'을 넘는 재미
돈키호테와 이삭줍는 여인들과
종달새와 쇠똥구리의 진솔함까지
성냥팔이 소녀와 흥부 아이들의 배고픔과

방패와 창날의 사라져간 사랑과 이별의 눈물
이들을 아울러 묘사하고 은유로 피어나는 꽃
꽃 되어 별로 승천하는 詩
신은 죽었다고 말하는 니체와

홍익인간 할아버지가 멍―해 눈만 껌벅이고
노자, 장자, 타고르, 돌아와
몇 等星 별인가 품평회를 열고
杜甫가 무덤을 열고 나와 탄복하는 詩
지상에서 영원으로 맞닿는 그런 詩.

나, 나는
그런 詩 한편을 위해 얼마나 뜨거웠던가!
얼마나 비비고 깎고 내달았던가!
청장년 반 세월을 불태웠던 나!
아픔은 얼마였고 눈물은 얼마였던가!
그 세월 꾸겨 던진 破紙는 또 얼마였던가!
무릎을 탁 치고도
두어 달 삭혀 다시 보면 미숙아
끝내 콩나물처럼 고만고만한 작품들을 내보냄은
내가 보기에도 부질없음입니다.
매번 손톱만 잘근잘근 씹다 일어선 내일에의 기대
언제나 肯定의 위안이었던 내 이승의 세월
이제 석양노을 지나 아슴아슴 땅거미 져오는데…

하지만 이 모든 것
여한은 없습니다, 눈곱만큼도.
가벼이 붓을 던지고 冬眠한 계절쯤 쉬기로 합니다.
이는 다시 태어나면 다시 詩人이 됨을 믿기 때문입니다
한번의 復活이
일곱 번의 變身을 거듭하는 긴 동면이라 해도
지구별은 아직 終末을 예고하지 않았습니다.

꽃잎은 바람에 지고

떠날 때는
한창 피어나던 꽃
돌아와 보니
다―시들었구나.

들숨 날숨 사이
시든 잎마저 지고

씨방은 맺어도
만날 날은 먼 구름

노을 비켜나는
바람결만 부질없음이랴.

시인들 골방 벗어나기

운동화 벗어들고 즈려밟은 숲길은
꽃과 벌 나비들의 마당놀이
바람이 빚어내는 풀잎들의 노래
공중제비 도는 새들의 춤
햇살에 어울어지는 강의 반짝임은
넓이만큼 취하고 멋들어져
너도나도 절로 술래가 된다.

언어의 창과 문자의 방패가
디지털화된 골방에서
자폐증에 멍들어 가는 詩
제살 깎아 허리띠 조르는 고깔
벗어 던지고 솟구쳐라.
저 흐름 속의 자유로 나와라.
하늘의 구름 올려다 봐.
파지 한 장 없이 흘러가는 악보
산언덕, 강나루 필 릴리리—
얼레 하나로 돌아가는 쉬운 詩
시인들! 골방 벗어나 술래가 되자.

길동무 1

어이―친구! 좀 쉬어가세.
숨이 차고 안 아픈 곳이 없고만.

그럽시다. 시장골목도 지나왔고
공연장도 모두 불 꺼졌는데
푹 쉬어가죠 뭐.

허 참! 한때는 '나를 따르라'
수백의 전사를 이끌고 포화를 재우며
산도 넘고 강도 건너왔건만, 먼 회상일 뿐이네.

그렇지요! 나도
창공을 나부끼는 깃발이었고
불꽃 되어 날아가는 아우성이었지요.

그래! 그랬지! 온몸이
뜨거운 사랑이었고 詩였고 노래였지.

이제 죽음이 눈앞에 와 있어
돌아갈 내 다음 동네가 환히 보여

그래요! 선배님 눈에 보이는 동네는
높은 곳일까요 낮은 곳일까요?

허허— 이 친구!
그건 그때 가봐야 알지.

자! 일어나세
또 걸음마, 걸음마 가야지.

길동무 2

친구! 친구는 무엇 때문에
발 부르트는 걸음마 길을 가시는가?
글쎄요! 선배님은 그 나이에
무엇 땜에 지름길을 버리고 고행이십니까?

한 때 산으로 들로 바닷길로
수 없이 많은 길, 수 없는 나날을 헤매었지.
헌데, 길은 갈래도 많고 시비도 많아
실속에 길이 빗겨가고 어긋나 있고
길 밖에도 길이고, 길속에 또 길이 있어
몇 생을 닦아야 한다던가!
부질없어 누워버린 길에
길이 하나 보였어, 딱 외길
늦은 나이에 기적처럼 다가온 길
우주와 생명을 창조하고 섭리를 이끄는 관리자
하나님이 내리는 사랑의 사다리, 그 길을 봤어.
'에어벨트-로드' 와 같은 길.

독생자 예수를 내려보내신 길
그 길 끝에 부활이 있고 영생이 있음을 봤어.
이제 더는 문답이 필요 없어
막다른 길이오, 선택을 주신 길이었어.
늦었으니까 더 열심히 가야하고
그 사랑 안에서 인내와 버림과 기도의 길
십자가를 지려고 결심한 길이네.

과연…! 그래서 더 평범하시고
그래서 더 검소하시고….
그렇다네. 부활과 영생을 얻으려는 열정
뜨겁지만 차갑게
조심조심 내디디는 걸음마일세.

섭리(攝理)를 풀어보다

우주는 생(生)·멸(滅) 없이 길이길이 도는지라
시발역이 없고 종착역도 따로 없느니라.
여기서 가는 사람은 거기선 오는 사람 되어
가고 옴도 따로 없느니라.
그렇게 길이 돌고 도는 이치에 따라
아침 해도 뜨고 짐이 없어
이쪽의 석양은 그쪽의 새벽이고
해 비치는 쪽이 낮이면 그 반대는 밤일 뿐
여기가 밤일 때 거기는 낮이니라.

짧은 한 때를 살다가는 유한(有限)의 삶이
다행이 만물의 영장이라서
디디고 있는 땅덩이를 지구라 이름 짓고
해를 태양이라, 태양계의 별을 가늠하고
지구가 자전하며 태양을 돈다는 것도 알고
따라서 달이 지구를 따라다니며
돌고 있음도 알았느니라.
지구를 공전하는 달의 인력에 바다가 출렁여

대안이 썰물이면, 피안도 썰물이듯 서로 밀면서
물고 몰리고, 만고 흔들리며 출렁일 뿐이니라.

길이 돌고 도는 무한(無限)의 회전 안에서
영특한 인류는 셈을 알고 문자를 쓰다 보니
편의상, 저기 천문대에 점 하나를 찍어
점으로부터 축으로 열일곱 금을 나누어 씨줄,
북에서도 아홉 줄 째, 남에서도 아홉 줄 째가 적도,
또 돌아가는 방향 세로로 줄을 나눠 날줄이라
날줄 따라 날과 달을 이어 일년을 세고
또 십 년, 이십 년, 삼십 년을 세어 가느니라.

우린 돌고 도는 한 빗금에서 뜻 없이 생겨나
먼지 하나 일어나듯 정말 뜻 없이 생겨나
날줄 따라가는 세월 타고 흔들리다 휘청거리다
울고불고, 웃고 울고, 아등바등 늙어가고
왔다 간다는 이름 하나 챙기고자 아웅다웅
어느 빗금에다 제 쉼표 하나 찍었다지만
이도 잠시 유성처럼 사라지는 덧없는 유한,

바람결에 왔다 바람결에 간다고 말들 하느니라.
'노인우대'라는 밥집에서 점심을 먹고
'바람'이라는 찻집에서 '천원' 차를 홀짝이며
어젯밤 꿈자리도 덧없음을 생각하다 문득
창 너머 하늘을 보다가
저 거창한 섭리를 꺼내 만지작거리고
아이 되어 공기놀이처럼 갖고 놀다가
심심풀이 땅콩은 저만치 가라 재미있어
오늘 한나절, 아무 의미 없는 한나절
해 기울도록 잘 놀았느니라.

그 춤꾼은 백합이더라

백합화 한 송이 무대에 섰다.
살폿 디딤 딛어 돌며 흔드는 날갯짓
팔 번갈아 당기고,
끌안아 저나 저를 피우는
꽃, 어여뻐라―
아름다워라―
송이채 들어 허공에 뿌리고
돌아서 동동 허리 후리는 춤사위
돌리고 뛰는 발끝 따라 피어나고
굽히고 젖히는 손끝 따라 피는 희디흰 순결
하얀 고뇌여―
숨막힘이어―

때론 태양도 지워져 그를 향한 염원의 눈물
제 가슴 전부인 저를 잃은 그리움
고개 숙여 애절한 향
서울역 노을이어―
머나먼 기다림이어―
날숨에 핀 천 송이다가 들숨에 핀 만 송이다가

끝내 검은머리 대비되는 총화,
한 송이 백합화
저 희다 못해 붉은 순결
차라리 내가 불타버릴 순수여—

- 주 : 춤꾼 김경희(전북 대학원 무용학부 재학, 2009년10월 우진문화공간)

부채

명인의 혼이 담겼어.

평생을 갈아온 칼날이
대쪽을 가르고 다듬고
지문 없는 손마디
그 무늬가 촘촘히 박혔어.

지금 막, 모란이 피를 토해
태양을 닮아 가는데

아, 내 손에 흔들려 돌아오는
명인의 영혼

조선의 바람
세상의 바람….

시화(詩畵) 감상

소, 닭 보듯 하지 말고
찬찬히 읊조려 씹어봐요.

돌아서서 한번 더 봐요.
아, 다르고 어, 다르네요.

멋대로 맛대로
다르게 또는 닮으면서
흘러, 흘러 바람맞고 햇살 여물어
웃는 듯 저 넓은 오지랖

옷고름 풀었다 맺다
풋살구 게눈 감추는 바람일레
또는 정한이 삼경일레.

어화둥둥 저화둥둥
마음 꼭꼭 묻어둘 연인들이네.

노병의 저녁 기도

오늘은 내 스마트폰이 종일 심심했을 겁니다.
전화 기기에게 조금 민망하기도 합니다.
이제 정월대보름 달집만한 크기로
불타던 정염과 밝음이 소진되어
잿불마냥 꺼져드는 노인이기 때문입니다.
전쟁터의 병사처럼 부리던 세월이 지나
노병은 팽시켜야 하고
의당 그럴 줄도 알고
어떤 노병은 벌써 떠나기도 했지만
노병 스스로도 몽니 구역을 줄였으니까요.
이 노병 스스로도 몽니 구역을 줄였으니까요.
이 노병의 폰도 날이 갈수록 더 심심해져
끝내는 카톡 문자 한 줄 없을지도 모릅니다.

그래도 괜찮습니다.
이 세상 어느 한구석 몇 뼘의 토양에선
내 땀의 소금기가
표 나지 않게 발효하고 있을 테니까요.
아무리 지나온 날들이 부질없다 해도

아무리 못나게 살아왔다고 스스로를 낮춰도
한세월 한세상 함께 살아온 구성원으로
불침번 서고 물 당번이라도 했던 병사였으니까요.
그리고 또 내 DNA를 가진 피톨이 있고
그 손자들이 대를 이어갈 터이니
아니라고 굳이 손사래 칠 일만은 아니네요.
그리 마음 잡으니 섭섭해 할 일도 아니고요,
진짜 서운하지도 않네요.

오늘 하루 전화 한 통화 없어도
아니 내 쪽에서 전화 걸 일 없어졌어도
체조로 몸 풀고 신문 TV로 세상구경하고
점심 챙겨먹고 바둑 두기로 몰입했다가
저녁 먹곤 손발 닦고 성경공부로
나름대로 재밌고 꽉 찬 하루였습니다.

이제 노병은 노병의 방식대로
노병의 놀이랜드와 침상을 짜는 요령을 습득합니다.
감사합니다.

하나님은 이 노병에게 지혜를 주시어
오늘도 내일도 즐겁게 사는 학습을 하고 있습니다.
이제 자만하지 않고, 낮춰보지도 않고
섭섭해 하지 않고, 누구에게 정 주는 일도 삼가고
티 나게 미워하지 않고, 예뻐하지도 않으며
날마다 비우고 소식하고 떠날 때를 준비합니다.
이토록 잔잔한 일로도 혼자 외롭지 아니하니
항상 주님께서 노병의 친구가 되어주심이오
복음 공부의 적당한 숙제가 적당한 긴장을 주심입니다.
하나님, 오늘 즐거운 하루를 마치며
내일 또 찬란한 아침 해가 오름을 믿습니다.

2부

은하계 아내별 통신

아내의 단풍

지리산 달굼 뱀사골로
단풍구경 가자 조르더니
그 숨은 뜻 이제 알아냈네요.
빨간 모자에 빨간 재킷
단풍보다 더 고운색 단장하고
하늘하늘 춤사위 너울대는 당신이었어요.

주름진 세월 이 풍진을
빨간 옷 입혀 아름다이
단풍처럼 지고 싶었던 영혼
박수 받아 마땅하네요.

화려하고 강렬한 당신의 시뮬레이션!
그럼요 당신만은
저토록 멋지게 찬란하게 떠나야 합니다.
울지 않을래요.
남은 세월 내 몸 다 부숴
당신 가는 길에 뿌려드릴게요..

시인의 아내

돈벌이 같은 것
손 놓아버린 지 오래,
아침이면 파지나 한 통씩 쏟아놓고
허구 헌 날 모임, 답사, 기행…
돈을 쓰기만 하는 지방의 삼류 시인
그런 그 사람, 그 아내는
쥐꼬리만한 연금 가지고
여기 막고, 저기 막고, 문풍지도 되고,
짐꾼이거나 땜장이 삶이던 세월
아파도 참아야 했던 나날
굳은살이 공이 되어 괜찮다더니
피가 넘어와서야 사진을 찍어봤단다.
억―폐암 말기?!
마음 속 깊은 곳에서 병이 쇠어버린 아내
어쩜 좋아?!
그리도 무심했던 바보
늦게 돌아온 연민이 부서져 내리네.
맨 하늘에 천둥이 울고
도시 숲이 노랗게 부서져 내리네.

바다에 뜬 섬

아내는 암 병동에 있고
나는 교통사고로 다리에 깁스하고 누워
아무 생각 없어 멍청하거나
몸 속 여기저기 벌레 기어 다니는 스멀거림
집, 집… 혼자 지키는 사방은
나를 가둔 세상 끝
벼락 맞은 나무의 고독이다.

그리움 사무치는 오후 4시
기어이 핸드폰 20번을 눌러
아내 음성을 듣는다.
사랑한다고…
─나도 사랑합니다!
끝내 울먹이는 정분….

울먹이며 외치고 포효하다
눈앞이 캄캄해지는 더 무서운 고독
외로움에 갇힌 섬 하나
천길 깊어 만 길이나 먼 사방
파도소리만 출렁이는 바다다.

당신 쓰러지던 날

잘 참고 끙끙 잘 버티시더니
그도 1년이 한계였던가.
갑자기 쇠락하는 모습
화장실 부축 받던 이틀 만에 그만
을미년 7월 17일 10시 그 무덥던 날,
말부터 잃고 손짓만 서너 번
앉았던 의자에서 쓸어졌습니다.
응급실에서 와서 찍은 뇌 사진
'종양이 6개나 보인다고…'
'어쩔 수 없는 단계 운명을 받아들여라'
선고 같은 선고를 들었습니다.

이제 정말 끈을 놓아야 된다는 말입니까?
혼자 보내야 하는 슬픔이 몰려옵니다.

모든 인연의 고리가 풀려
당신은 새처럼 하늘 멀리 날아가고
앉으나 서나
내 몸뚱이는 껍질로 남아
먼 바다로 둥둥 떠내려가는 환상에 휩싸입니다.

혼자 서럽네

잘 잤어요? 꿈자리는 어땠는지요?
고개만 끄덕이니 나 혼자 슬퍼져
눈물이 나네요.
어찌 어찌 맞춰본 눈망울이 애처로워
병실을 돌아 나와 또 눈물이네요.

오늘은 닷새째
밉다든지 원망스럽다든지
욕이라도 한 바가지 남기고 쓸어졌으면
이토록 가슴이 메어지지 않을지 몰라
말문부터 닫아놓고
육신을 넘어뜨리는 막가파 낭인 같은 병

아무리 말기라지만 발견으로부터 1년 간
알면서도 못 고쳐, 정말 답은 없는가?
등으로 옆구리로 바깥 세포까지 전이되고
끝내 뇌로 올라가 6개의 알집을 만들도록
병을 키우는 첨단의료?
아무것도 할 수 없는 무력증에
화를 질렀다 삭혔다 혼자 서럽네.

이대로는 아니 됩니다

오늘은 7월 26일 일요일
아침 해가 다시 뜨겁게 떠올랐어요.
이대로는 아니 될 것 같아
나 지금
당신 손을 꼭 잡고 문안인사 하고 있어요.

오늘 다시 떠오른 저 해처럼
마지막 힘을 내
무슨 말이라도 해야 할 게 아니오?
오늘은 꼭 듣고 싶어요.
이대로는 가지 마요, ―여보
여기 누운 지 9일밖에 안 되는데
어쩌려고 이러십니까?
어제부터 아예 잠만 주무시는군요.

이대로는 안 되는데
마지막 무슨 말이라도 좋은데
후회가 앞서 겹치는 세월
세상 모두가 원망스럽습니다.

운명의 날

뭐가 그리 급해서
아들 하나만 임종의 손 잡아주고
그리도 많은 날 애쓴 큰딸이랑
먹거리며 약이며 조랑조랑 사 나르던
작은 딸이랑 너무 섭섭해 웁니다.
아니 40여년을 닦아도 나아지기는커녕
세상사 분별 못하는 우리 집 딸따니*
죽어도 눈감을 수 없다던 딸내밀 두고
어떻게 숨을 거두셨습니까?
7월 27일 아침 8시
전화 받고 내달아왔지만
쌀쌀맞게 떠나버린 당신, 너무 허망해
한평생 은원의 세월도 이토록 허무한가!
아무리 둘러봐도 답이 없네.
나는 어떻게 하라고 혼자 가
그저 먹먹해
눈물도 말라버렸나 보네.

- 딸따니 : 나이 들어서도 부모가 돌봐야되는 어린 딸을
  귀엽게 일컫는 말

불꽃 7월 29일

그렇게 넓었던 미움도 고움도
그토록 길었던 이야기들 모두
그 많고 높던 모든 것들이
한 가닥 불꽃으로 사라지네.

영원으로 떠난다는 믿음
이승과 저승의 경계를 날아간 영혼
입었던 살 한 줌 재로 남고
연민으로 남은 흔적
백자에 곱게 담아
선영 발치에 묻은 봉분 하나
오열하는 아이들….

한 여자의 생애
죽음 다음이 끝나는 절차
떠난 자와 남는 자들의 안과 밖
'2015년 을미년 7월 29일' 표지
이별이란 이런 것?

이별이 아닙니다

설움도 원망도, 두려움도 다 벗어놓으니
우리의 이별은 이별이 아님을 봅니다.
당신이 먼저 가고
내가 뒤따라간다는 약속일 뿐입니다.

이승살이가 그러했듯이
저승살이도 당신이 먼저 가서
짐 들여 살림 정리하고
문간에 청사초롱 밝히려고
앞서 간 줄 압니다.

우리는 이별이 아닙니다.
따순 밥상에 편한 잠자리 내주던 당신
다음 세상은 내조와 외조를 바꿔 살자던
당신의 농담에 당신이 무안해져
속절없이 먼저 떠난 줄 알기에
다시 만나는 저 세상은 꼭
당신이 낭군, 내가 아내 되는 약속드립니다.

우리는 이별이 아닙니다.
유효기간이 꽤 남은 당신과 나의 여권
겟세마네 동산도 가보고 요단강도 건너보고
싸목싸목 여행이나 하자던 약속 남았습니다.
이제 당신이 내 손을 꼭 쥐고
꿈꾸던 저 먼 나라 황홀한 그 나라
설레는 발길 이끌어 길잡이 할 차례입니다.

우리 둘에게는 이별이란 없습니다.
당신이 먼저 떠난 하늘나라에
내가 뒤따라간다는 약속이 있을 뿐입니다.

나도 모릅니다
−아내를 위한 미발표 연주곡

몇 겹의 인연으로 지어진 만남일까!
남녘에서 불어오는 바람처럼
순하디 순한 이름 김남순
당신의 손길에 손발 따뜻했고
웃음자리 너그러워 즐거웠네요.
더 바랄 것 없는 반백년의 세월
아들 딸 낳아 기른 재미
세상사 맵고 쓰고 짜고 떫어도
그만하면 훌륭한 것 아닐까요?
그 아들과 딸들이 손자 낳아
다시 주렁박처럼 이어가는 인연
흐뭇한 기쁨 자글자글 열 배 백 배이네요.
당신 있어 한 가정 일가를 이뤘고
당신 있어 풍진 세월도 행복했네요.
나, 일흔 다섯의 생일 상 받고
당신 있어 나 여기까지 왔노라고
당신을 위해 쓰는 연주곡 한편
악장마다 회한이 밀려와 부끄럽네요.

언제부터 깨우쳤는가!
이제 철들었는가!
앞으론 당신만 사랑한다고 말하고 싶네요.
남은 생은 당신을 업고 갈 테니
아프지 마오, 오래오래 살아요, 우리
나무에 새이듯, 꽃에 나비이듯
구름에 달 가듯 가다가 구구팔팔 삼삼사
명(命) 다하여 어느 별나라에 가거든
깍꿍! 술래잡기처럼 다시 만나
이승보다 더 맛있게 오물오물 살아요.
다시 또 한 세월을 이어
억겁의 인연 만들어가요, 우리.

아내 이름 김남순

어느 나이, 언제부턴가
샤갈, 방령, 미찌꼬
이런 외국친구들의 이름이
지워지기 시작했어요.
해련이, 지민이, 오유경
이런 도시 여인들의 이름도
시나브로 잊혀 아득히 먼 변방일 뿐
내 안에는 오직 토종이던
'남순'이라는 이름의 여자만 있어요.
남들은 나를 철들었다고도 하고
천생연분이라고 말들 하던데
나는 그냥 쑥쓰러워
'두 손 꽉 잡고 태산 준령 넘어가자'는 말
안으로만 꼭꼭 다져두었죠.
내색은 않지만 아내의 나날도 훈풍 불어
하나 되어 함께 간다고 그리도 좋아했는데
그깟 병 하나 못 고쳐주고
손 놓아 버리고 말았네요.
지랄같이, 지랄같이
참 지랄 같은 놈, 아주 몹쓸 놈.

더 더욱 사랑하래요
−당신이 남기고 간 말

답사, 기행보다
부부가 먼저라고 말하데요.
서로서로 설움 달래주는 말
가슴으로 가슴을 꽉─
한 번 더 안아 주어 보래요.
처음같이 따복따복 사랑이 자란데요.

시, 소설보다
사랑이 먼저라고 말하데요.
저 계절이 흐르는 산하에
나비 되고 백합으로 피는 청정
어느 봄날 하늘에 종달새래요.

누구든 늦지 않았다고 말하래요.

쥐면 꺼지고 불면 날아가도록
찬찬히 오래오래 마주보래요.
당신은 내 안에 뜨는 구름
나는 당긴 안에 부는 바람, 영원이래요.

부르다가 죽을 이름
-회상 1

그립다! 고함이라도 내지를까?
더 더욱 사무치면 어쩔까? 두려워!

천장에 그린 무늬 행간마다
어제그제 이야기들이 끊임없이 밀려와
파도처럼 부서져 내리는 물방울
도리질 쳐 눈감으면
그 날 꽃에 둘러싸인 영정 그 얼굴

일어나 서성이다
삐죽이는 눈물 숨죽여 흐느끼는 회한
한 생이 이리도 덧없음이던가?
올올히 풀어지는 설움에 겨워
김, 남, 순, 이름자 되뇌어보는 푸념

가슴에 불꽃같은 매듭으로
매듭으로 남은 이름이네.
남은 세월
내가 부르다 불꽃으로 돌아갈 이름이네.

당신의 젖가슴
-회상 2

당신의 젖무덤에
얼굴을 묻고
잠들고 싶다가 울고 싶다가

좋은 날들을
물처럼 흘려버렸다고
눈감아도 눈을 떠도
사무치게 파고드는 빗소리
가슴 치며 달려드는 빗소리

켜나 끄나 쪽 짓고
둥글게 그려지는 나신
미쳐 환장하는 목마름
꿈 너머 저 몽환의 거리

천지를 바스러뜨리는 빗소리
칠흑으로 깜깜해지는 빗소리
이대로 내가 죽고 말지.

아니야 아니네

아니네, 아니야,
여태 지껄인 말 죄다 거짓말일세.
정분인 양, 설움인 양
넋두리 풀어놓고 조아린 걸 보니
세상 끝 들머리부터
깜깜한 밤이 오는가 보오.

비로소 인연의 고리 풀어내고
훨훨 나는 영혼이 되셨는데
미움도 연민도 다― 태웠으니
뒤돌아보지 말고 날아가소.
개똥밭에 미끄러지는 언덕에도 오지 말고
낚시코에 매달리는 강가에도 오지 마소.
이 세상 악연의 덫일 뿐
더 더구나 나 같은 사내 자식이야!

'잘 가시세 고생 많았네.'
뜨거우니 차가우니 보채던 미안함
마저 얼음 바닥에 비비고 돌아섰네.
다시는 나 같은 사람 만나지 마오.

사노라면 잊힌다는 말

당신 가고
말라버렸던 눈물이
도로 헤퍼졌습니다.

싱크대 숟가락 헹구면서
핑그르르 돌아온 눈물
혼밥 내내 흐르고
설거지까지 함께 합니다.

낯선 여인의 뒷모습에 눈물 나고
버들가지 웃는 웃음 속에도
눈물이 숨어 있는데….

사노라면 잊힌다는 말
말짱
거짓말입니다.

은하계 아내별 통신 1
-꿈인가 생시인가

베토벤의 '운명'곡이 연주되다.
음악은 배경으로 깔리면서
천장에 나타나는 아내의 얼굴이
날개옷 입은 그대로 웃는 모습이다.

아니, 여보, 당신! 이게 웬일이요?
그토록 오래 깜깜무소식이더니
꿈입니까! 생시입니까?

많이 기다리셨군요, 저두요.
놀라지 마세요, 꿈도 아니고 현상 그대로
제가 별나라에서 보내는 화상통신이어요.
옛…?
하늘의 아녀자도 이승의 남편이 그리웠답니다.

'……'
아직도 수줍음 그대로임을 본다.

내 별에 명패를 달기까지
약간의 절차와 시일이 필요했던 거죠.
나도 당신 보고자 젤 먼저
이 날개옷의 전파로 당신의 영혼을 깨웠고
화면으로 보내는 영상이에요.
그럼 당신이 별이 되었다고요?
그럼요.
은하게 백조자리 남남동 3경 99연 8치 5번
3등성으로 반짝이고 있어요.

"……."
호-호 왜 멍- 하세요?
걱정 마세요, 우리 잘 될 거여요.
당신 보니 모든 게 다 풀렸네요.
앞으로 우리 이렇게 화상통신으로 만나요.
그럼 나, 들어가요, 잘 계세요.

콰강 쾅 음악이 높아지더니 화상이 사라진다.
금세 음악소리도 꺼지고
어둑한 천장 무늬

말문조차 닫아버린 해후
홀연히 날려버린 꿈
축하인사 한마디 못하고
더 잡을 수 없이 날아간 당신
환상이 아니고 현상이라…?
"은하계 백조자리 남남동 3경 99연 8치 5번"
"잊지 말아요!" 당부하는 말
메아리만 아슴아슴 귓전에 남는다.

은하계 아내별 통신 2

덕유산 무주에서도
지리산 남원에서도 찾았죠.
오늘은 강천산 순창에 왔어요.

은하계 백조자리 남남동 3경 99연 8치 5번
3등성으로 웃고 있노라고
분명히 말해왔는데
모두가 반짝 반짝 웃고 있으니
어느 별이 당신인 줄 알 수 없네요.
아마 귀보다 눈이 더 나쁜가 봐요
뚫어져라 애태워도 찾을 수 없어
더 큰 아픔이네요.

누군 환청이라는데, 아니죠?
생전에 못 찾아도 일 없죠?
화상통신으로 일러준 주소가 분명하니까,
내 육신 누워 껍질 벗으면
혼불로 날아서, 암만 멀어도 날아서
일러준 곳대로 꼭— 찾아갈게요.

"여기 봐요! 당신 날 찾는 줄 알고 있어요.
나 때문에 아프지 말아요.
우린 다시 만날 수 있어요."
"그럼 안녕…."

너무 짧은 순간이다.
동쪽으로 1시 방향 구름조각 사이로 나타났다,
흔들며 사라지는 손짓
날개옷 천사들
한 무리 지나쳐가며 보여준 얼굴
별 그 나라도 무슨 행사가 있는가!

은하계 아내별 통신 3

가슴 한 쪽 구멍 나
바람 들랑거리는 공허는
액자 속에 웃는 당신을 보다가
구석구석 배어든 당신 손 냄새에
호두알 같은 그리움이고 눈물입니다.

무엇이길래? 인간사?
얼릉 떠났으면 좋으련만
태어나면서 쓰고 온 죄
억지로는 버틸 수 없는 노릇이라고
거듭 말리는 말들뿐입니다.

"그럼요, 천부당만부당한 일
그런 생각이랑 안 하는 게 옳지요."

그렇죠? 주어진 대로 살겠습니다만
당신이 너무 멀리 있는가?
믿음이 엷은가?
갈잎처럼 나부껴
가슴 뚫어 놓은 바람도 울고 지나갑니다.

은하계 아내별 통신 4

그리운 사람 당신이어!
요즘 몇 달 통신이 더디옵니다.
무슨 일 있으신지요?
아니면 날 잊으심인지요?
남은 생애 숨 다할 때까지
더 착실하게 당신 맘에 꽉 차는 사람 되려고
딴은 애쓰는데
혹여 날 잊으심인지, 아니죠?

당신이 잊지 못하고 떠난 따따니도 좋아져서
선생님 따라 학교에 가고 산수 공부도 시작했으며
나갈 때 들어올 때 인사도 잘합니다.
설거지며 청소도 잘하는 천사가 되어갑니다.
매일 수수 도장을 받고 월말엔 상장도 받아 왔답니다.
뭐니뭐니해도 당신이 골라 준 도우미 아줌마
좋은 사람이어서 건강 되찾고 식사량도 늘었습니다.
이쪽은 아무 일없이 좋은 날 갑니다.

그리운 사람 당신이어!
나는 아무 일 없는데
동네 늙은이로도 애들 아버지로도
귀감이 되는 백점 노인으로 딴은 열심인데
정말 아무 일 없어 한눈도 팔지 않는데
혹여 벌을 주심인가요?
일부러 그러지는 마셔요, 울고 싶습니다.

그리운 사람 당신이어!
이승에서 못다 한 정
저승에서 갚음 받아야 할 당신
꼭 갚을 테니 잊지 마시고
자주자주 웃는 얼굴 그 음성 주셔요.
별 그 나라도 날마다 그리 바쁘십니까?
기다려집니다.

은하계 아내별 통신 5

따르르 띵똥— 화면 열리는 소리
여보 나여요, 3시 방향으로 보서요
와— 당신! 잘 보고 있어요.
반가워요 고맙습니다.
나도 당신이 고마워요.
무어든 잘하고 게시더군요.

자장님의 33원경대를 켜면
지구촌의 누구도 근황까지 다 알아요.
자장님 말씀이 당신도 별이 될 수 있대요.
엣! 무슨?
아니 정말입니다.
왜인지 어떻게 되는지는 나도 몰라요.
'너무 잘 하려고도 하지 마시고'
'따따니 일로도 너무 애통하지 말라' 하시더군요.
부활을 믿으시죠?
고난의 행군을 마칠 때까지 열심히 기도하세요.
부르시지 않으면 불러서라도
당신의 품에 안아달라고 기도하시래요.

기도의 힘이 간절할수록
나를 만나는 시일도 빨라진대요.

그래요!
당신 정말 고마운 사람, 감사합니다.
저두요. 그럼 저 들어갑니다. 안녕⋯.
아니 벌써, 화면이 꺼져버린다.
무심타 언제나 그리 짧은 해후

   따따니 : 정박아이거나 지체장애를 가진 딸을 일컫는 말

은하계 아내별 통신 6

띠르르 떵동— 천장에 나타나는 아내 모습
오늘은 상기된 얼굴
대박이라도 터진 듯 화사하게 웃고 있다.
당신 떠나던 날, 3주기 그 무렵 많이 기다렸죠?
다시 추석 무렵은 꼭 오실 줄 알았는데
이제 오시면서 왜 그렇게 함박웃음입니까?

—짜자잔, 축하해요! 자— 꽃 받으세요.
지상에선 월계수와 같은 꽃말이에요.
승리! 내가 뭐 그런 꽃 받을 일이라도?
그럼요.
은하계 황성 자장님을 뵙고 왔어요.
백조자리 자장님께서 운을 띄워주시고
특별한 배려로 외출을 얻어 떠났지요.
말하자면 로비를 한 셈인데요.
당신이 별이 되어 올 때,
내 옆자리에 당신을 앉게 해달라고….
그러신다고 약속하셨습니다.
'남남동 3경 99연 8치 6.'자리 비워두신댔어요.
우린 부부별이 되는 거여요.

어마— 춤이라도 덩실덩실 추서야 할 텐데
믿어지지 않은 표정이네요?

그렇습니다.
지난번엔 잘 모르신다 했잖아요?

아— 그 뒤 전 자장님의 시녀로 승진되어,
거기 일 하면서 여러 이치를 알게 되었어요.
별나라로 올 수 있는 자격은 여러 방면에 있지만,
우선순위가 시인은 두 번째에 들어요.
당신은 돈과 명예를 멀리하고
아름다움과 자연의 섭리를 노래한 시인
별을 노래하고 별이 되고 싶어한 시인
그러니 당연한 귀결이지요.

 더구나 당신은 나라에 바친 목숨인데도, 불구자로 사는 인연을 다시 받고, 그 후유증의 고통과, 불구라는 천대와 멸시, 가난의 삶이었어도, 모두를 이겨내며 아름다운 노랫말을 남긴 모범 시인, 그 점수가 배가되어 어쩜 2등성으로 오실지도 모른다고 말씀하셨습니다.
 내가 별이 된 연유도, 그런 남자, 그런 당신을, 내 몸에 병이 깊어 가는 줄도 모르고 내조한 덕이라 말씀하시데요.
그러니 신바람 나지요. 계속 당신을 위해 뭐든 더 해야지요.

  그렇습니까?!
  눈물로 달래고 접은 설움
  쓰디쓴 생을 알아주시는가!
  자— 그럼 나도 별이 된다?!
  기쁨 말고는 할 말이 없습니다만
  이승실이 지은 빚을 갚기도 선에
  또다시 당신에게 빚을 지는군요.
  정말 고마운 사람 당신, 김남순.
  아니에요 내가 더 고마워요.
  아참, 별 나라에선 당신 이름이 뭐여요?
  홋호호… 그냥 그대로 김남순이여요.
  자 그럼 가요. 빠이빠이 안녕….

은하계 아내별 통신 7

띠르르르 띵동— 화면 뜨고 up되는 아내 얼굴.

와— 당신 오랜만이에요 그간 별나라는 일 없으셨죠?

예 그럼요. 여기야 무슨 일이 있겠어요? 헌데 당신 아프시더군요, 아프지 마셔야 되는데….

아이고 그래서 오셨어요? 사실 이승살이엔 연(緣)줄도 명(命)줄도 다 놓아버리고 완전히 비웠으니까, 지금 떠나도 괜찮은 걸요.

그건 당신 생각이죠. 지레 목숨 놓지 마세요. 부부별이 되는 우릴 위해 당신의 전전생의 업까지 말끔히 지워지도록 이승살이를 연장하시나봐요. 그러니 참고 기다리셔야 된다고, 자장님께서 여간 걱정이 아니십니다. 물론 지루하시겠죠, 하지만 몇 해만 더 잠잠히 기다리라는 부탁이에요.

하이— 참, 당신이 그러라면 또 그래야 되겠지만…, 당신 없는 세상 죽을 맛인데, 이토록 지루한 하루 하루가 천상에선 대체 몇 시간인가요? 하이고— 참 영락없어, 자장님께서도 당신 성품 알고 시원스레 풀어주고 오라시데요.

음— 은하계에선, 100초가 1분, 100분이 1시간이고요, 열 시간이 낮 하루, 다시 열 시간이 밤 하루죠, 밤이나 낮의 길이가 짧아졌다 길어졌다 그런 거 없어요. 그러면 하루가 20

시간이잖아요, 열흘이 1주고, 5주가 1개월, 10개월이 1년이에요.

그럼 여기보다 1년이 좀 긴 것인가…?

음— 여기 계절은요, 꽃이 피고 그 열매가 지면 다시 꽃이 피는 따뜻한 봄과 시원한 여름, 두 계절뿐이고, 비는 때 맞춰 밤에만 내리니까 낮 동안은 항상 쾌청한 하늘이죠.

그거 좋겠네, 춥지도 덥지도 않고 우산도 필요 없는 나라.

홋호호…우산뿐인가요. 냉·난방이 필요 없으니까 살림살이도 간단해 좋아요. 지구와는 달리 태풍이나 폭우, 황사, 이런 기상재해도 없고요.

음— 별에선, 생로병사가 없다는 게 젤 크게 다른 점이죠. 별나라는 퇴출이나 전출로 오고 가고 하니까, 만나는 기쁨과 헤어지는 섭섭함은 있어도, 자식을 가슴에 묻는다든가, 전쟁, 굶주림, 생이별, 그런 단장(斷腸)의 아픔이 없어요.

남녀가 사랑하고 섹스를 해도 임신이 되지 않으니까 분만의 고통도 기르는 고달픔도 없고, 병원균이나 바이러스가 없는 청정무구지역이라 병고(病苦)가 없고, 늙지도 않고 사별(死別)도 없으니 장례식장도 없습니다.

그래 참, 누구한테 들은 것 같아, 맞는 말인가 본데, 그럼 늘 젊음 그대로 산다는 말이죠?

그래요, 영원히 사는 삶 무한이니까요.

그럼 지금 당신 웃는 얼굴, 그 젊음 그대로 늙지 않는다는 거죠?

　예, 그래요, 몇 해를 살던 몇 살을 먹던 여기선 이대로에요.

　야— 그것 참 좋은 일이다. 그런데, 머리 하얀, 우리가 흔히 신선이라고 말하는 그런 노인 분들은?

　아—, 그분들은 급이 달라요, 우리별에 오실 때부터 노동을 면제받은 신선으로 오셔요, 아마 황성 중앙국에서 박사나 과학자로 근무하다 머리가 흰 어른들이라 들었어요. 그런 분이 약 5백배쯤! 백조자리만 5등성 6등성까지 모든 식구들이 2만쯤 될 거니까 40대 1의 비율이네요.

　2만개의 별? 그걸 식구라 한다? 아 참! 당신이 별이잖아요? 헌데 당신이 그냥 젊은 아낙이지, 어디서 빛이 반짝이거나 그런 거 없잖아요?

　음— 천사로 사는 새 생명을 받으면, 황성(은하계)에서 반년 정도 교육을 받지요. 교육이 끝나면 나라로 내려가라는 명을 받아요. 즉 (백조자리 남남동 3경 99연 8치 5와 같이) 지적까지 함께 명 받는데, 그 자리엔 벌써 그 천사의 등급에 따른 집이 지어져 있어요. 모든 집의 지붕은 발광체로 만들어져 항상 빛을 반짝이는 별이죠. 곧 내 집이 별이고 그게 내 별이어요. 3등성인 나의 지붕은 2등성보다는 작고 4등성보다는 넓고 밝아요.

　음— 그렇구나. 별?! 천사?! 헌데 아까 당신이 노동이란 말을 하던데?! 거기 일이란 무슨 일을 어떻게 하는가요. 아— 그리고 참 무얼 어떻게 먹고살아요?

호호— 못 말려 … 오시면 바로 알 것인데 그렇게도 미리 알고 싶으실까!

음— 모든 생명체는 일해야 먹고 사는 건, 별나라도 예외는 아니지요. 다만 자유롭고 쉽고 재미있다는 거지요. 여긴, '팝' 또는 '찰' '뿌'라는 과일이 주식인데, 지구 사람들의 밥이나 빵 같은 것입니다. 사과정도 크기의 과일 하나에 앵두나 포도알 만한 작은 과일 몇 알을 곁들여 먹거나 후식으로 먹거나, 그게 매끼 식사지요. 신기하도록 충분한 칼로리를 내요. 맛이나 크기 색깔이 다르듯 조금씩 다르긴 해요.

음— 이렇게 아침을 먹으면 일터로 가는데, 작업장이 조금 멀면 바퀴 달린 신을 신고, 더 멀면 날개옷을 입고 갑니다. 출근 시간에는 모든 선남선녀들의 출근하는 모습이 장관이랍니다.

모든 일터는 5시간의 노동이면 퇴근하죠. 과일 농장이나 퇴비를 만드는 환경정화 같은 일터는 오전으로 끝나지만, 오후시간에도 자리에 있어야할 배급소 같은 곳, 저녁에도 일이 필요한 공산품 재조업 같은 회사는 오후반이나 저녁반이 있고, 교대제로 일합니다.

모든 천사는 하루 5시간의 노동이 의무이고, 의무를 마치면 나머지는 몽땅 자유시간이죠, 뭐 아이를 키우느라 뺏기는 시간, 먹거리를 준비하고 요리하는 등 이런데 시간을 뺏기는 게 아니어서, 놀음놀이에 충분한 시간이 주어져 늘어지게 놀 수 있어요.

음― 운동하는 편은 배구 축구 농구 별 종목 다―, 드론을 날리고 춤추고 노래하고, 관현악이나 타악, 오케스트라, 그룹별로 취향 따라 맘껏 즐기고 놀아요. 어떤 천사는 두셋쯤의 취미를 갖고 즐기기도 해요, 아 참, 당신 좋아하는 바둑 팬들도 상당히 많던데요.

과연! 생각한 대로 천사들은 먹는 게 다르고 간단하군요. 상당히 재미도 있고 좋은 세상인데…. 아― 또 궁금한 게 있다. 그런 과일이며 모든 물품의 유통은 어떻게 해요?

그것도 당연히 아셔야 할 질문이네요.
음― 여긴 화폐가 없답니다, 세금 없고 돈 때문에 울고 웃는 일 없는 나라. 모든 게 배급제이고 양에도 제한이 없죠. 먹는 것은 하루에 한번 받아다 세끼 나눠먹기도 하지만 매끼마다 받아오기도 하고, 어떤 물품이고 낡거나 해지거나 부서지면, 언제라도 새것으로 바꿔다 쓸 수 있는 세상이니 얼마나 좋아요?

여기 살림살이는 보통 날개옷 2벌, 작업복 2벌, 평복 2벌 이런 식으로 기타 속옷 수건 등등 2개씩 배분됩니다. 그런데 모든 천사들은 자기 배당분 외에는 더 가지고 싶어하지도 않고 그럴 필요가 없죠. 바퀴 신발이나 날개옷에 동력으로 쓰이는 건전지 같은 경우는 추진력이 약해지면 그때그때 그 자리에서 교체합니다. 또 신기한 건 손가락 두 마디만한 집이 날개옷의 경우 1천리를 날 수 있어요.

여가 활동을 할 때 필요한 운동기구며 악기 등등 그런 물품도 모두 배급제이고, 격한 운동을 하면 간식이 필요하잖아요. 이때도 먹거릴 달라면 내준답니다. 어때요, 좋은 나라죠?

그러네요. 참 좋아요. 그런데 또 이상한 게 있다. 그토록 늘 받아서 쓰고 먹고 겨우 5시간 일하고?! 그리고 놀기만 하면 발전이 있을까?

호호— 그러네요. 정말 못 말리는 당신, 당신다운 질문이네요. 음— 모든 천사들은 일단 욕심이 없으니까 모두 만족해하고, 맨 날 노는 재미에 빠져 여념이 없어요. 아마 나라에 소속한 천사들은 이 정도의 작업으로 충분한가봐요.

하지만, 이건 나중에 안 건데, 황성 그 중앙국에서는 따로 학교가 있어 인문학을 배우고 기술자 또는 과학자를 꾸준히 양성하고, 연구기관 시험포가 있어 늘 새로운 걸 개발하고 만들어 각 나라에 내려 보낸다고 들었어요.

즉 먹거리인 과일도 꾸준히 개량되어 새 품종이 배급된다든가 새로운 비료가 오고 새 농법이 보급되고, 날개옷, 신발, 그리고 여기에 쓰이는 건전지의 성능과 수명 효율성 등이 연구 개발되고 개량된대요.

크게는 기상학 연구로 재해를 없애고 환경과 공해를 예방하는 과학, 또는 천사들의 신체구조 생활습관까지 연구한다던데요. 음— 또 중앙 국가에서는 모든 영혼을 심사하고 심판하는 부서, 지옥으로 또는 연옥으로 나누어 보내는 부서, 천사들이 몇 등급 별인가를 결정하는 부서, 모든 물품을 생산 관리 유통하는 부서, 여러 분야에서 각기 맡은 일들을 하고 있는 걸로 알아요.

또 지옥, 연옥, 각 별자리 나라의 법제도, 인사관리 등을 관장하는 부서도 있고, 이러한 일련의 일들을 연구하는 학자들과 연구를 전담하는 부서도 있다고 들었습니다.

아— 그럼 그렇지. 이제 잘 알았습니다. 하이고 오랫동안 고생 많았네요. 당신, 고맙습니다.

시원하신가 보네요, 이젠 아프지 마세요!? 아이고 야— 시간이 너무 많이 흘렀구나. 저 바로 들어가야 돼요. 그럼 다음날 또, 안녕 빠이 —.

3부

우리에게 오늘은

우리에게 오늘은
   -스크린 도어 수리공이던 청년의 오늘

우리에게 오늘은 항상
남은 생애 첫날이 된다.
16년 5월 28일 16시 오늘….
그 청년은
남은 생의 마지막 날이 되었다.

열아홉, 이제 막 꽃 피려던 청년
봉오리 째 떨어져 간 수리공은
작업지시를 받아 직은 메모지와 볼펜
수리용 공구가 든 가방 하나 남기고 떠났다.
그 속엔 또 나무젓가락과 뜯지 못한 컵라면 하나.

집안 사정 미리 알아, 냉수 한잔으로
꿈을 접은 청년은
첫 월급 타서 동생에게 용돈 2만원 주고
백만 원 남짓 돈, 엄마에게 맡기고 출근한 아들
생일 하루 전날의 오늘
생의 마지막 날로 이승을 떠났다.

지하철 구의역,
슬픈 죽음을, 슬픈 국민들이 눈물로 헌화한다.
이보다 더 슬픈 건
금 수저 흙 수저
층 높은 구조, 아무도 책임 없는 관행
피의자만 있고 가해자 없음이 현실이다.

우리가 울고 하늘도 우는 오늘은
청년이여! 그대 아름다운 영혼
오늘은 어디쯤
어디 하늘로 날고 있는가!

명예를 짓는 능소화
－어느 여류 시인에게

밥을 짓고 옷을 짓는다.
농사를 짓고 집을 짓는다.
사람살이 너와 내 이름값의 글,
눈물 젖은 파지(破紙)를 던지며
꾸겨 던지며
우리는 글을 쓰고 짓는다.
짓기 위해 타고 오른 강인한 집념
짓기 위해 차라리 요염한 꽃
너, 능소화!
명예를 위해 피맺히며 오르고 올라
이름 위해 통째로 지는 낙화
피 빛으로 물들이는 혼절
6월 염천을 태우고 또 태운다.

더 도도하게 더 당당하게
더더욱 치열하게
처절하게 처절하게 태워라.

그 날, 병 문안
―김남곤 시인과의 병상대화

얼마나 힘들었을꼬?
수술자리와는 얼토당토 않는 턱살이
악물어 비벼댄 흔적이네.
나도 모르게 눈물이 흘렀나보다.

울지 말아요 형!
보이지 않는 종양을 찾아
보이는 살을 찢고 들어가야 하니까요.

늙고 병들고 슬프다 인생!

하지만, 마지막 이별을 위해
마음 비우는 수행도
이보다 못지않은 아픔이라는데요.

아― 그렇던가!
아우는 벌써 득도(得道)를 했네 그려.
아우 영혼은 언제 어느 때고
새처럼 날겠네 그려.

우리는 무한대
  －김계식 시인께 드리는 答詩

시인이여!

어제
<u>보고도</u>
오늘
또 반갑구나.

덥석
잡은 손

우리 셋 넘어 넷
다섯….

무한대로구나.

부르고 싶은 이름
　-이근풍 시인을 노래함

전북 하늘 아래 태어날 때부터 시인
풍진바람에 자라면서도 내내 시인
직업현장에서도 30년 한결같이
피의자에게 짜장면 대접하던 시인
이제 일흔 너머 서녘하늘을 관조하는 시인

아무리 추운 날 나부껴도
그토록 맑은 하늘로 손 흔드는 깃발
옹달샘 다다른 곳에
맑은 물 길어 올려 노래로 부르는 풀꽃

있는 듯 없는 듯
그래도 시혼(詩魂)을 가슴에 묻은 사람
꿈을 나르는 바람 같은 사람
그래서 편안한 친구 소천(小泉) 이근풍

당신은 내가
당신은 내가
항상 부르고 싶은 이름입니다.

김준영 스승님의 유택에 가다
-2016년 4월 19일 날씨 화창함

2015년 11월 12일 향년 96세
초겨울 비가 설움인 양 부슬대는 사잇길로
며느님들의 지극 정성도 퉁퉁 털고
그토록 많은 제자들이 연민도 손사래치고
휘이 휘이 이 동네로 오셨다면서요.

익산시 팔봉면 현족리 산90-1 밭머리에
살아오시던 모습만큼 정겹고 수수한 유택
서북으론 대나무 몇 그루와 노송이 병풍 치고
앞으로는 복숭아꽃 사래 긴 들이 열려
선생님 부르시는 농가월령가에
온통 안의 벌 나비 나라 춤을 추네요.

전북대출신 유종국, 임명진 교수 외 세 사람
정군수 시인과 전주대 출신 나, 이 모두
백발이 성성한 일곱 제자에게 절 받으시고
음복 상머리에도 먼저 앉으시더니
'아 어서 술 따르거라' 재촉하시는 말씀인 듯

젓가락보다는 손가락으로 안주를 집으며
늘그막에 좋아하시던 치즈를 찢으며
저희들까지 익힌 말 '아니아니 하시며 백잔'
선생님 생전의 모습 가리며 웃고, 웃고…
뜬금없는 야유회가 비산비야 들을 흔듭니다.

'더 놀다 가거라' 잡으시는 정분으로
저나 저들 함께 한나절이 흘렀습니다.
선생님! 제 나이도 80, 다시 올지 몰라
되돌리는 발길이 아닙니다.
- 영면하시옵소서!

- 전북대학교 전주대학교 국문학과 고전문학계 교수 엮임

사부(師傅) 그리운 노래
　-김교선 스승님 영전에서

스승님! 이제야 왔습니다.
가신 날로부터 10년이나 뒤늦은 몹쓸 사람이지만
스승님! 많이 보고 싶었습니다. 아니
지금 영정사진으로 말고
더 뜨겁게 뵙고 싶습니다.
평소 눈빛으로만 안기고 싶었던 그 엷은 가슴
이제는 제가 안아드리고 눈물 펑펑 울고 싶습니다.
'산다는 게 그런 거 아니겠는가! 괜찮네, 괜찮네!'
다독이는 손길 그 음성으로 차라리 위 받고 싶습니다.

어느 날 겸암동 사시던 집
전화는 불통이고 잠겨진 대문엔 거미줄,
빈 마당엔 낙엽이 날려 덧없이 흐르던 눈물
핸드폰 하나 사드리지 못한 후회, 발을 굴렀습니다.
따님 댁으로 가셨으리라는 추측과
그리운 짐 지고 몇 년이 흘러
바람결에 세상 뜨셨다는 후문을 듣고
'아— 어떤 스승이신데, 지지리도 못난 제자…'
그리움과 자성(自省)의 징검다리만 놓다가 또 몇 년

제 나이 80 넘어서야 묻고 물어서
전일환 박사 앞세우고 내비게이션에 또 물어
이제야 와서 불충덩이로 엎드렸습니다.

남과 북이 나뉠 때, 금(禁)줄을 넘어오셔서
무섭고 외롭고, 어렵던 전후(戰後)의 살림살이 속에서도
제자를 먼저 세우시던 스승님!
질투와 시기심으로 내몰려도
의연하심과 '지는 법을 통해 이기는 법'을
본 보여서 가르치시던 스승님!
제겐 대학 4년과 문예가족 5년
평론을 통해 시 소설을 배워주신 지도교수님!
문인으로 사는 법을 배우고 꿈꾸며
이승 너머 영혼의 별자리를 헤아려왔습니다.

꿈? 아, 스승님의 꿈!
그 가만가만한 발걸음과 조용조용하신 말씀
오직 천명(天命)을 받아
고요를 지키는 나비의 꿈! 아— 그러셨군요.

지금 여기 217호, 꽉 닫아드린 방에서
여덟 밤 거듭나는 나비의 꿈을 꾸시는군요.
머잖아 부활하시면 죽지 않는 별나라로
호랑나비 되어 훨훨 날아오르시겠지요.
이승의 오늘처럼 따뜻하고 화창한 날만 닮은 나라
꽃피는 날만 사시사철인 나라의 호랑나비로
훨훨 날아가시옵소서, 훨훨 훨훨….
-2016년 5월 스승의 날에 올림.

- 也泉 金敎善 1912 10월 출생하시고 2006년 6월 17일 93세로 영면. 완주공원공설묘지 추모의 집 1실 217호 안장. 1948년 월남하시고 전주고등학교 교사, 전북대학교, 전주대학교 국어국문학과 교수 역임하시다.

소설가 아오스딩 하늘에 들어
　　-고 형문창 영전에 쓰다

― 넋두리 첫 날
바로 엊그제 일주일 전
조기호 시집 "신화"를 소재로 쓴 소설
'참말같이 쓴 소설 ―땍거위의 꿈'을 화두로
우리들은 거나― 하게 취했었지.
'한잔으로도 좋습니다 나이 탓인걸요,
형님 주량은 참작하겠습니다.' 내 팔짱을 껴주던 너.
오늘 아 무슨 청천벽력이냐!
구름도 없이 맑은 전주에
달과 해를 바꿔놓고도
너는 그 눈웃음 배시시
형이 네 앞에 엎드리는 절을 받고 있구나.
몹쓸 놈!

― 넋두리 둘째 날
아우 먼저 형님 먼저
항상 제 놈이 형이라던
형문창이니까 형이라던 너
그려 네가 다 형이었대도 좋아

허지만 이것만은 아녀
정말로 이 길만은 아녀
네가 먼저 가선 못쓰는 것 아녀?

소주 한잔 지부지처 허고
소주 두 잔 지부지처 해도
이건 아닌디!
다시 소주 몇 잔을 지부지처 마셔도
생각하면 생각할수록
아녀, 아녀 이건 경우도 아녀
이런 법은 없는 법이여.

― 잘 가거라 셋째 날
한 가닥 불꽃으로 살 앓이 애옷….
정분마저 벗어버리고
영혼은 굴뚝으로 나가
하늘로, 하늘로 갔구나.
소설가 형문창 아우야!
네 눈웃음

꽃무늬로
우리들 가슴에 남느니.
무언가 모를 서러운 밤
너는 한줄기 별 무덤에서
빛으로 쏟아져 오고 있구나.

웃음과 눈물의 대비
―이태석신부 일대기 '울지마 톤즈'에 부치는 글

1955년에 와서 1967년 54세로 떠나신 예수병원 켈러원장
'대뇌혈전증' 경고도 무시하고 다시 가난한 전주로 돌아와
뇌출혈로 마지막 가시는 당신을,
전후(戰後)의 굶주림과 추위, 전염병의 전주를!
마침내 눈물바다로 만드신 당신을 생각합니다.

2001년부터 2010년 톤즈의 아버지이자 의사요 선생님이던
또 지휘자이며 건축가였던 당신이 암으로 떠나는 48세
너무 짧아 억울한 나이, 환하게 웃으며 가시는 이태석 신부
당신의 일대기 "울지마 톤즈" 영화를 보면서
우리 모두는 다시 주체할 수 없는 눈물에 웁니다.

남과 북으로 나뉜 수단의 내전 속 메마른 땅 톤즈를!
분노와 증오, 가난과 질병으로 얼룩진 땅 톤즈를!
눈물이 가장 큰 수치라 여기는
용맹함의 상징인 딩카족을 마침내 울게 한 한국인 신부,
남자 여자 아이 어른 노인…
검은 눈물의 오열, 검은 맨발의 배웅을 받으며 떠나는
5월 우리나라의 신록 아카시아 향은 가슴을 저밉니다.

태평양을 건너왔고 인도양을 건너간 차이
아메리카와 동양, 동방과 아프리카, 그리 멀어도
흑, 백, 황, 얼굴빛이 서로 달라도 눈물은 하나!
눈물은 하나로 함께 울던 영화관 밖
여기 전주의 하늘이 다시 노랗습니다
웃으며 가시는데 왜? 우리는 이토록 서럽습니까!
숨 막혀 가슴 터지는 설움입니다.

말만 무성한 사랑, 사랑타령의 세월
묵묵히 한 몸 바치심과 겸손 앞에 부끄러워,
부끄러운 영혼의 울림입니까?
당신 앞에, 당신 앞에 부끄럽습니다.

- 전북일보 2011 5월 23일자 칼럼 '이태석 신부와 퀠러원장' 예수병원 권창영님의 논고를 더 많은 사람에게 읽히고자 詩글로 재구성하여 개재함.

서러운 날 설움이 떠나시는 날
―전 대통령 노무현님의 영전에

천만 송이 국화꽃이 하얗게 울었습니다.
온 누리가 함께 통곡하는 눈물의 숲을 헤치고
당신은 차마 우릴 떨치고 그렇게 가셨습니다.
허나 백만의 풍선, 종이비행기, 모자, 리본…
노란 물결을 통해 님의 말씀은
4천만의 가슴에 노랗게 각인되었습니다.
분하고 서러운 사람 없이 더불어 잘 사는 나라를
권위주의와 지역주의를 깨고
원칙이 바로 서는 민주주의를 위한 정면승부의 열정
님은 바보도 울보도 아니었습니다.
다만 기득권의 벽이 너무 높았습니다. 그리고
세상은 님의 외침을 깨닫지 못했습니다.
상식이 후퇴하고 학연 지연의 계보정치
망령이 되살아나는 1년여…,
얼마나 아프고 괴로우셨습니까?
봉하마을 함께 가꾸는 서민으로
막걸리 함께 마시는 농군으로
소탈하고 인정 넘치는 할아버지로 살아갈
틈새조차 까발리고 모욕하고 뭉개버렸습니다.

아— 총칼 아닌 전쟁
부엉이와 싸운 님의 일생은 갔지만
님의 영혼을 우리는 보내지 아니하였습니다.
검은 밤에 일어서는 부패, 음모와 술수…
부엉이바위의 벽을 깨뜨려야하기 때문입니다.
우리는 이제 바보정치를 왜곡하고
음해하는 반 세력으로부터
님을 지켜야내야 할 의무가 있을 뿐입니다.
편히 가셨다, 인도환생 돌아오소서!
삶과 죽임이 자연의 한 조각이니까요.
삼천의 만장도 울고 대금도 울었습니다만
이제 울지 않으며 님을 보냅니다.
원망하지 않습니다. 미안해 하지도 않습니다.
바보들의 평범한 세상, 그런 세월을
만들기 위해 일어서야 하기 때문입니다.
그리고 사랑합니다. 사랑합니다.
편히 영면하소서…!

- 전 대통령 고 노무현 님이 떠나시는 날 2009년 5월 29일.

시간에 갇힌 슬픈 백성들

　해 뜨면 나가서 일하고 해 지면 집으로 돌아오던 농경사회, 산업이 발전하고 도시가 확장되고, 해시계 하나로 살던 세상이 깨지면서, 사람들은 점점 슬퍼지기 시작했다.
　이제 사람들의 슬픔이 확실해진 건, 부자는 자기 시계를 가졌다는 사실과, 없는 사람은 시청이나 어느 건물의 시계탑을 보거나, 정오에 울리는 싸이렌 소리를 듣고, 배고픔을 알게 된다는 사실 때문이었다.
　사람들이 거기서 보다 더 슬퍼진 건, 9시까지 출근하고, 겨울에도 난방이 되는 실내에서 일하고, 시간급, 일급이 나뉘고, 야근과 시간수당이 생기면서부터다. 층이 생길수록 층을 부러워하고 기어오르려는 터에, 더 큰 슬픔이 생겨난다.

　지난날 사람마다 지닌 손목시계를 차고, 5분 정도의 지각이 용인되던 코리안 타임에, 가차 없이 수정을 더하더니, 이제 몇 초도 용납이 없는, 시간의 해일 속에 갇혀, 지금은 완전 슬프다.

때를 맞춰 또 정규직과 비정규직이 나뉘어 '비'짜는 헤아릴 수 없이 슬프다.

온 국민이 소돔성과 고모라 성보다 더 고밀화된 도시에서, 앞만 보고 달려가는 세태, 누가 정시에 떠나는 KTX를 놓치고 싶으랴.

각자의 핸드폰 안에, 1초도 틀리지 않게 싱크로드 되어있음을 넘어, 슬픈 백성들은 더 빠른 퀵서비스를, 온라인으로 인터넷으로 달음질이다.

그러게. 문명은 문명을 낳아 더 큰 슬픔으로 자라는데, 문명의 시간에 갇힌 슬픈 백성들이, 그 슬픈 시간 안에 갇힌 슬픈 사람임을 모른다는 게 더 슬프다.

사랑할 수 있어요
−불완전한 영혼들을 위하여

뜨겁게 용서해보서요.
뿌리까지 용서하면
눈물이 펑펑 쏟아질 거여요.
그 때 발치에 사랑이 보여요.

서로 서로
아픈 눈물 닦아주고
가슴으로 가슴을 꼭 ―안아보서요.

하나는 나비 되고
하나는 백합 되고
내 안에 비치는 햇살이고
네 안에 불어 가는 바람 되지요.

산이구나 강이구나
땅이야 하늘이야
어화둥둥 둥둥
쥐면 꺼지고 불면 날아갈까
그렇게 사랑할 수 있어요.

詩心이 천심(天心)이니까
-시인들 서로 달래던 어떤 날

읽어주는 사람
사주는 사람 없어
돌아앉은 하늘이라지만 괜찮아.

목말라 우리 함께
하늘 없는 숲에서
서로를 달래는 까마귀이지만 괜찮아.

소명을 짊어지고 태어난 전령들이니
정녕 돌아올 하늘을 위해
꾹꾹 눌러 찍던 하얀 밤을 지새워
내일도 울어야 옳겠지
우리 눈물이 하늘을 밝히는 촛불이니까.

어느 구름에 폭포로 쏟아지는 비 있어
솟구치는 이치 있으려니
정녕 불러주는 소리 있으려니.

전화 벨 새소리

김남곤 시인은 오래 전부터
방울새소리를 컬러링 하여
전화하는 사람의 귀를 참 즐겁게 해주었다.
어느 날 정군수 시인은
모악산이 젤 잘 뵈는 아파트로 이사했다더니
컬러링을 뻐꾹새 소리로 바꿨기에
스마트폰까지 이사해서 참 잘했다고, 말했다.
나도 새소리로 바꾸고 싶어
몇 군데 발품을 팔아
KT지사 직영매점에서 드디어 서비스를 받았다.

  덕택에 내 전화벨은
물소리 시원한 산 속의 박새들이 떼로 지저귄다.
"새들은 하늘의 노여움을 받아 지상에 내려왔대요. 그래서 울어야 하는 귀양살이가 끝나면, 다시 하늘나라로 돌아가, 거기서는 예대로 노래하는 새가 된대요. 새를 좋아하는 사람은 새들의 영혼을 닮아, 새들의 나라, 새들과 함께 사는 하늘나라로 간다는 이야길 아세요?"
  여직원이 그래서 벨소리를 바꾸는 거냐고

묻는 말이기도 하고 알려주는 말이기도 했다.

— 이럴 수가…!
엄청 좋아 새처럼 날아 춤을 출 뻔했다.
말 그대로라면 세 사람은 같이 새들 나라로 돌아간다.
이제 우리들 목숨이 저물도록 새를 사랑하자.
김남곤, 정군수, 나 새소리 전화 벨 가진 삼총사
함께 차라도 나누면서 '도원결의' 해야 한다.
혹여 유리창에 부딪쳐 죽고, 그물에 걸리고
산탄총에 피 흘리는 주검을 조문하자.
우리 사람들이 저지른 죄, 우리가 용서 빌어야지.

노을이 아름다울 수 있음은

노을이 곱게 물들어 아름다울 수 있음은
땅에서 오른 수증기 방울에
햇살이 지나오는 프리즘 현상이라네.

말년이 이만큼 즐겁고 행복할 수 있음은
나를 얼싸안고 얼리리둥둥
사랑을 나누는 문인들 덕이라네.

바람 불어 다듬는 맑음 뒤에
피어내는 저 붉은 물 알갱이들의 조화
우리는 온전하기 위해
짜깁고 엮어서, 서로는 서로를
받들어 올리고 어깨 흔들어 주는 깃발들

문학과 나는 지상과 햇살
나의 시는 노을의 영원
아름다운 대지를 함께 걷는 기쁨
이 호강을 되받아 사랑해요.
하늘 끝까지.

진혼곡 울어 지친 65주년
 -어느 용사의 2015년 섣달 그믐의 일지

1.
산하(山河)에 포성은 아직 울고
치유불능의 귀는
탄피를 쏟아내는 이명(耳鳴)으로 울고
살고 싶냐고 물으면 죽고 싶다고
죽고 싶냐고 물으면 살고 싶다고
목 놓아 울던 세월
어머니 몰래 죽고 싶었던 세월,
어머니 자궁 속에 숨었다가
다시 만들어지고픈 자화상,
팔 하나 쓸어안고 절룩절룩 돌아온 고향
포화에 무너진 강둑, 이지러진 나무는
바람도 일으켜 세우지 않았고
달빛도 부서지기만 하던 허공
땅 끝 하늘 끝 시려오는 쑥국 쑥국 쑥쑥국….

달동네 비탈에 서서
어디선가 본 듯싶은 얼굴을 그리다
소주잔에 떠오른 중대장, 김 일병, 차례로

나바우 같은 전우를 마시며
흙구덩이에 묻어버린 손마디를 추모하다
허깨비 같은 저를 보다가
만장(挽章)으로 떠나는 파란 불을 보고
제 손마디 유령을 만나
너겁으로 떠다니던 목마(木馬)조각.

2.
햇살 따라 일어나는 한 모금 바람
바람 불어 가는 길 있어 살기로 했네요.
밟히면 으깨지는 눈물
흙탕길에 박힌 짐수레 끌다
살 터지는 핏방울은 들꽃으로 피어나데.
그래요, 그냥 저냥 어머니 말씀대로
왼손 있어, 울 엄마 소원대로
엄니 눈물에 갇혀서라도 살기로 했지요.
개똥처럼 굴러도 살기로 했지요.

가난한 집 천사 하나 길 따라 온다기에

짚신 한 짝 꿰듯 부부 되어
노랫말을 쓰기 시작했지요.
― 한 여인의 사랑을 잡아주는 왼손 있어
한 아버지로 울타리 지켜내는 왼손 있어
한 생(生)의 표현을 찍어내는 활자로
업보(業報)의 창살을 가르는 톱날로
마지막 눈물까지 닦아줄 왼손 있어
땅을 짚고 일어나는 왼손
하늘 가리키며 일어서는 왼손―.

3.
어머니! 아직도 멈추지 않은
포성과 눈물, 함께 짐을 꾸렸습니다.
만신창이가 된 깃발 위에
꽃잎이 펄펄 날리는 팡파르
불꽃놀이 오색찬란한 축제의 밤은
안 그런 척, 통한의 입술에 냉수를 적시고
가난을 꾸려든 보퉁이가 찢어져도
아직 새벽이 열리지 않은 대합실이었습니다.

연지곤지 분바르고 오는 글동무도 맞습니다.
꽃동네로 들어가는 문이 있을 거라고
마주보며 웃어주기도 했습니다만
꽃동네 가는 길은
티끌이 먼저 날리고 개들이 앞서 짖어댑니다.
눈은 사람으로 떠 있고 얼굴은 같아도
색으로 치장한 칼과 칼이 치닫는 러시아워
포화에 날린 뼈를 다듬던 아픔이 되살아
홍진에 뿌리는 눈물을 흙살 깊이 덮어 가는 길
단 한 번의 부정을 삶으로 알고
단 한 번의 긍정을 죽음으로 심는 씨앗
안으로, 안으로 다독이는 바람결에
구겨 던지는 게 파지(破地)뿐이겠습니까?
젖은 손수건 갈아 넣고
날마다, 날마다 길을 떠나봅니다만—.

4.
전쟁기념관 앞마당에 반세기 넘어온
〈형제의 상〉 초연(硝煙)은 자욱한데

국군 형과 인민군 동생이 붙안고 흘리는 눈물
암호보다 이름이 먼저 달려간 전장(戰場)
이젠 얼굴도 이름도 모르는 사촌과 육촌들이
서로 다른 철망 아래, 서로 다른 옷깃에다
DNA 같은 피를 쏟아야 하는 철책선 또는 연평도….

날마다 연무대로 떠나야 하는 아들
오늘도 그들을 배웅해야 하는 어머니들
역사의 검불대기를 되씹는 반추(反芻)
멀리서, 가까이에서, 일어서는 포성을 씹고
튀어오르는 불똥을 사르고 초연을 삭히는
아시아대륙 동(東)단에 고삐 걸린 한반도.
그 세월에 아픔 널어 바람에 말리고
닦아도, 닦아도 아직 남은 살앓이
보훈병원 농(濃)을 닦는 기도의 묵시(默示)는
오늘도 낯선 전우의 침묵을 덮어
태극깃발 한 장 현충원으로 가는 진혼곡
묘비는 불어나고, 묘비에 묻어 올리는 괴성
포, 포, 전장, 전쟁터, 주검
오늘도 그 날과 그 날이 별반 다름없네.

어제는 손자를 연무대로 보내고 오는 길
여태 그 하늘에선 슬픈 깃발이 나부끼고
무용담처럼 유랑 길을 돌아 돌아
절뚝이며 절룩이던 노래는
메아리로만 철책선에 걸려 있는가?

동강난 반쪽이 또 동서로 갈리고
또는 중앙정부와 지자체가 괴질난 세월
백성은 어제를 잃어버리고 방금
오늘도 잃어버리고는 달리기에 안전불감증
바다에 빠지고 또 구덩이에 박히고
또, 또 가스는 폭발하고, 또, 음주운전이고
싹수머리는 반품 어치도 없는 거리
구호로 막히고 촛불로 막히고

바쁠 것 없어도 무거운 왼손 들고
아린 눈으로 세상을 굽어봐도
주변은 IMF, 엔 저, 위안화 절상
안으로 FTA, 이제는 TPP까지
그래도 맨날 싸움질 나라꼴이 한심하구나.

어쩔거나 칠포(七抛) 세대 불쌍한 젊은이
자살이 OECD 1위인 나라
어쩔거나 이토록 슬픈 나의 조국을….

- 칠포 : 졸업포기 부모포기 연애포기 결혼포기 자식포기 친구포기 인생포기 알곱 일을 모두 포기한다 함

4부

굴렁쇠의 본향

굴렁쇠의 본향

내 유년의 이름은 길 쇠.

나물 팔러가던 엄마
산통으로 길섶에 주저앉아
어금니 악물고 남의 논 짚가리에 기어들어
그 새벽에 양수 쏟았으니
동행하던 아줌마들 덕으로 배꼽 갈라
어찌어찌 울음을 터트린 나.
그래도 첫손자라고 장독대에 정안수 올리고
지극 정성 부귀공명을 빌어주시던 할머니
죄스레 전쟁통에 떠나시고
길에서 낳은 놈 아니랄까 줄곧 신작로 달리며
자갈길에 터지고 찢어져 울어도
젤 서러운 건 배고픔
두 끼만 굶어도 하늘이 노랗더라.
나물죽이라도 배불러 봤으면 원 없던 소원
산에서 진달래, 머루, 다래…
물에선 피라미, 중태기, 달군 돌에 굽고
찔래, 감자서리, 꽃이면 꽃 열매로 뿌리로

소양의 햇살과 냇물이
소양의 바람과 천둥이 나를 무쇠로 키웠다.

이어지는 전쟁 연습 CPX
포화에 맞고 화학연기에 단말마의 자지러짐
생사를 넘나들던 수술대의 담금질
쇠가 좋아 다시 굴러갈 수 있다고
모두들 말하는 내 이름 길 쇠.
질긴 목숨 건장한 두 다리로 돌아와
팔 없는 굴렁쇠로 지난 설움 다 토해내고
여기 솟구석 신작로에 한 사내로 서 있다.
깰래야 깰 수 없는 무쇠로 키워준 고향
나의 본향 소양천, 이 햇살 이 강물 영원하리니
굴러라, 세상에서 젤 강하게 굴러라, 또 굴러라.

그 여름 긴긴 날

명태박죽이나 솟구석 냇가
물장구 피고 멱을 감다가도
피라미, 모래무지, 물고기 이름을 외우며
천렵놀이 백중날만 기다려집니다.

송광나들이 망표골 산지시락
딸기를 찾아 헤매면서도
외할머니가 사주셨던 배꼽참외 생각
모내기 밥 갈치 지짐만 어른거렸습니다.

꼴망태 한 짐 일찌감치 뜯어놓고
누가 해를 소양천에 동여 맺는지
무슨 궁리로도 여름 해는 중천에 있고
점심을 건너뛴 배는
자꾸만 쪼르륵 소리가 났습니다.

머슴새 울고 땅거미 내려야 만나는 밥상
산에서 울어야할 머슴새가
벌써부터 뱃속에서 울고 있었습니다.

소양초등학교

소양천 휘돌아 가는 물길에 발을 담그네.
우리들 어린 이야기가 흘러오고 흘러가네.
달맞이산 저기 있어
유년의 추억 언제나 그만큼 쌓이는가!

뻐꾸긴 맨날 배고프다 울고
호랑이 장가가는 날 비 한 줄금
달맞이산으로 무지개 꽃히던
소양초등학교 운동장

우르르 몰려가면 무지개는 도망쳐
신작로로, 다시 소양천 너머로
잡힐 만큼 도망치는 신데렐라
쫓다가 무릎 깨고 보라색으로 울었지.

소나무는 더 푸르고
맨드라미는 더 빨개진 옛 우리들의 화단
우리 어린이들이 있어, 우리 부르던 노래 있어
더 설레고 그리워 혼자 웃어 보는 모교.

윤 사월

서리밭 사리고
햇볕 오다 말다
비 뿌리고 천둥소리 부대껴
눈물 뚝뚝 떨구는 우박이 내리고

와야 할, 나비
도랑 건너 저만치 서성일 뿐
아씨방 홀로 잎만 피다 지네.

윤 사월 한 달이 어려워
일년을 망치고 내내 우는 뻐꾹 뻐꾹
어느 해 그 시작의 조짐이 보이네.
잔인한 사월은 그때도 있었어.

누이 팔고 큰애는 머슴 보내고
남부여대 떠돌던 보릿고개
배고파 슨픈 기억이여!

할머니 사랑 1

나는 떼쟁이 고집불통이었다.
종종 아버지로부터 회초릴 불러들인 고집,
옆에서 훈수를 들다가
매만 떨어지면
얼싸안고 말려주시던 할머니

'요것이 어딜 때릴 데가 있다고'
'하이고 독한 것'
'………'

할머니 손에 이끌려 나온 툇마루
'별 봐라' '별도 안 볼티여'
'달 봐라' '달도 안 볼티여'
얼러도 듣지 않던 다섯 살 백이

어느 한날, 아버지 매에
손자 대신 할머니 손등에서 피가 나던 날
이후로 아버지는 매를 들지 않으셨다.

할머니 사랑 2

해방되었다고 좋아하던 우리 집에도
만주에서 고모가 돌아오셨지.

당신 드시라고 두세 개씩
숨겨온 사탕이며 밀감
그걸 또 숨겼다 나만 주시던 할머니

어느 날
할머니와 고모의 말다툼
'아녀 절대 아녀, 항상 내가 다 먹었어'
'거짓말 이제 안 갖다 드릴기여'
'길쇠 가는 한 개도 안 줬단 말이어'
'너는 조카지만 나는 손자란 말이어'
'너도 늙어 손자 보아 바, 그럼 못 쓰는 것이다'
끝내 고모는 웃었지만
엿들은 나는 무색해 얼른 마루 밑으로 숨었다.

그렇게나 맛있고 달던 추억
그립습니다 할머니 사랑.

좋은 날의 추억 1

분유 설탕을 넣는 양촌리 커피
'시골노인이라 별수 없다'며 아가씨가 웃는다.
그래 숭늉이 더 좋은 시골뜨기다.

욕심 없어 땅 투기 모르고
권좌에 오를 일 없으니 뻔뻔할 필요 없고
허세부릴 일 없으니 약삭빠를 것 없어
있으면 있는 대로, 없으면 없는 대로 좋은 것
흙과 함께 살고 있으니
흙으로 돌아가는 길 낯설지 않고
태초 영혼으로 다가가는 지름길

지게목발에선 육자배기 흐르고
솔바람 모롱이 돌면 영마루 아리랑
청산에 머루랑 다래랑 거기 있거늘
그냥 촌놈이라 불러라.

아가씨 보조개 웃음이 소박해 좋네.

좋은 날의 추억 2

글쎄— 와인 같은 것, 별로야
소주 한잔에 시래기 된장국
'신토불이 선비시군요' 아가씨가 오늘도 웃는다.

그래! 할아버지 아버지 촌놈이었고
외할머니 어머니의 피톨이 같은 걸
이 땅에 낳아서 이 땅에 푸성귀로
등 따시고 배부른 살림살이 좋은 걸
어려운 식단에 돈들이지 않고
문명병에 시달림 없는 건강
돌아갈 때 더 밝고 더 높이 날아
고향의 별로 가는 혼불 되겠지.

새소리 방울방울 절로 피는 생명
파란 들 노란 장다리 밭은
햇살도 오래 머물고 별이 더 빛나는 소양(所陽)
이승 살이 흐뭇한 토종
조상님께 감사하고 하늘에 감사한다.

좋은 날의 추억 3

스승이자 벗들이 보내주는 책읽기
콩나물이 자라는 신기한 재미에 열중하기
'내 영혼 어디로 가는가' 산책하기
세 가지 행복 있어
앞산 뒷산 내 것이고
하늘도 구름도 내 것인 자랑
철마다 바뀌는 꽃들의 향연에
입 맞추고 가는 바람, 덤으로 얻는 행운

없는 것, 무엇을 얻으려 할 때
있는 것, 하나 더 내주는 슬기
많이 안다는 것도 아는 만큼 얽매이는 짓이니
배우면 그대로 잃어버리기
그런 풍요엔 뒤를 쫓는 우울증도 없어

기계치, 컴맹이라 놀려도
쟁기보습에 흙 넘어가듯 웃어버리고
소처럼 순하게, 꾸벅 꾸벅 살아가는 길
땅에 묻혀도 쉬이 거름이 될 촌놈.

좋은 날의 추억 4

그래 불빛 깜박이는 유혹에
도시의 변두리를 서성이던 미숙아
흔들리고 비틀거렸어.
뿌리가 내주는 정이 그리워
다시 달려가 본 산골
바람 맛 물맛이 달디달아
마침내 어머니 손맛에 나를 지탱했지.

손톱만한 씨알 하나가
따리만한 호박으로 양식을 주는
종(種)의 신비에 눈이 뜨이니
원(圓)의 논리도 보이고
생사가 순환되는 섭리도 보이더라.
그래서 눈 딱 감고 농사꾼이 되기로 했어.
지금은 농사꾼도 졸업한 뒷방 늙은이지.

'와— 멋지다 시골 선비 님'
아가씨가 손뼉을 치며 호들갑이다.
뭐시라?! 가당찮은 말씀을….
완주군 소양면의 그냥 촌놈이야.

좋은 날의 추억 5

어서 오서요, 선비 님.
오늘 또 오시니 단골손님
내일 또 기다려질 단골손님!

하이고 눈물나도록 고맙구나.
선비라— 그게 말이지 민주화
산업화 과정을 겪으면서 양반은 다 죽었거든.
쌍놈만 남은 선비는 오간 데 없으니까.
죽은 말은 쓰지 않는 게 좋아
헌데 촌놈들은 쌍놈으로 추락해
촌놈도 얼마 남지 않았다는 게 문제다.

오호— 재밌다!
옛날 교장선생님 훈화보다 언제나 재미있어요.
이 세대 마지막 남은 선비 님!

고맙긴 하다만 언제까지
이런 시절 이런 '다방' 얘기가 계속될까!

할머니를 기다리며

　길쇠의 할머니는 피사리하다 벼 잎에 찔려 눈 하나 시력을 잃었어요.
　그래도 길쇠는 맏손자라고 애지중지, 이 세상 무엇보다도 귀하고 예뻐서 내 새끼 둥둥 따독따독 정으로 길러주셨는데요.
　나이 드시니 할머니 눈은 늘 침침하다며, 안약 한 병 사다 달라 가끔 말씀하셨는데 길쇠 제 깐 놈은 저 배고플 때 호떡 사먹을 돈은 써도, 할머니 안약은 노상 내일로 미루다가, 할머닌 더 기다리지 않고 저승으로 떠나셨습니다.
　그제야 할머니 상여를 부여잡고 죄스러워 서럽게 울었지만, 가슴 한구석에 응어리 되어 뉘우침이 남아있습니다.

　길쇠도 늙어 손자 손녀보고, 벼꽃 피는 푸른 들판에 서면 나락고개 배고픈 시절의 석양을 울고 나는 머슴새 되어 '저리저리 쯧쯧' '저리저리 쯧쯧' 한없이 속울음을 울었답니다.
　그런데 제 깐 놈 눈깔치도 백내장이 와버렸어요

'나쁜 놈 죄받아서 그려' 자책하며 갈등하며 더 큰 한숨이었습니다.

제 깐 놈 양심은 쪼개 있어서, 백내장 수술비 두 몫 챙겨서, 한 몫을 적십자에 기부하고, 한 몫으론 제 눈 수술 끝내고 환해졌지요.

그래도 마음 한구석에 덮어두었던 죄 살아와 할머니 산소에 엎드릴 때면, 할머니 시대 할머니네들의 가난을 되새기며 '죄송합니다 미안합니다' 큰절로 우울한 한나절을 삭히고 온답니다.

회상 추모의 정한

아버지 생전의 모습과 그 큰사랑을 추모합니다.
1911년에 오셔서, 1973년 10월에 돌아가신 아버지!
62세의 짧은 생을 말 한마디 없이 떠나신 아버지!
그래서 저희는 더욱 애잔하고 그립습니다.
일제의 압박과 수탈,
전쟁의 포연과 가난의 세월이었어도
주경야독으로 이루신 학문과 문장은
모든 이의 추앙이었고
청렴은 즐겨 입으시건 두루마기만큼 희고
자부심은 당신의 6척 키만큼 높으셨습니다.
풍류는 삼국지로부터, 한용운의 '임의 침묵'까지
약주 한잔에 시와 바람이요,
약주 두 잔엔 구름이요 하늘이셨으니
아— 어찌, 그 기상과 멋스러움과
여유로워 넉넉하시던 모습 잊으오리까!
천상에 학이셨다, 잠깐 진토에 머무셨던 아버지!
저희들 나이 갈수록 그리움은 산으로 높아지고
못 다한 정한은 강물처럼 휩니다.
아— 그리워 사무치고 더는 풀지 못하는 정한을
이 돌에 새겨 붙들어맵니다.

 -1993년 10월 아버님 산소에 碑를 세웁니다.

4부 굴렁쇠의 본향

소양천(所陽川) 흐르며

만덕산에 내린 빗방울로 일어나
용문산 종남산 송광나들이 항운평
골마다 내리는 살붙이를 섞으며
사랑도 정한도 엮어
깊이 휘돌고 넓게 적셔 온 마흔 세 동네
마을이 꽃피는 노래와 거두는 노래로
고리를 엮고 매듭을 풀어 흘렀네.

절그럭대는 칼날에 설한풍을 인고하다가
따발총 포화에 찢긴 상흔을 씻어 내리다
꽃처럼 지는 눈물로 흐느끼며
성난 황토 물 퀄퀄 쏟아 흐느끼며
할머니를 묻고 아버질 묻고 이제 돌이켜
잔잔한 물결로 별이 뜨는 밤을 수놓았네.

늘 헐거운 괴춤을 냉수로 채우고
징— 징 울음에 푸른 봉우릴 일으키고
들마다 가꾸는 노래 채우는 소망
웅리에서 마월까지 경운기에 신바람 나

휘감기던 웃음도 토라지던 삐죽임도
눈매 맞춰 다듬고 흘렀네.

넘어지고 엎드려져도 속내를 열고
봉우리마다 이어갈 살붙이를 키우며
소양천 한 물길에 비비고 끌어안고
달 같은 이야기로 꽃 같이 뜨고 지고
오순도순 왁자지껄 가고 오고
우리네들 나이를 실어 훨훨
만 만년 흐르고 자손만대 흘러갈 소양천.

봉동 이장 최강희

전북 차별 홀대…
전북 변방 의붓자식…?
이런 설움에 한두 번 울었습니까?
하지만 보란 듯
채이고 쓰러져도
쓰려져도 일어나는 戰場 속의 戰士들
골을 넣어야하는 창과 막아야하는 방패
전율과 환호와 희로애락의 인생역정
이제 전주성의 하늘엔
당신의 마니아가 된 별들로
전북 전설의 새 신화를 이뤘습니다.
'코리아전북' 휘장이 두바이 하늘에 휘날리고
승리의 노래가 천지에 울릴 때
전북의 산은 모두 일어섰고 강은 넘쳤습니다.
감동의 눈물은 완주 봉동의 샘으로부터
전북 자존, 이제 울지 않을 수 있습니다.
스스로 봉동 이장인
영웅 최강희와 전사들!
당신들 있어
전북 팬은 날마다 설레고 행복합니다.

덕진호반 연꽃에게

푸른 잎 청량함이어!
저 염천을 달구는 뜨거움은 또
어제 울며온 설움도
천상계로 승화시키는 묘약이네.
이 찬연함 앞에 나,
무엇인지 흔들리며 그리워
옷깃을 여며보는 빈손.
뒤따라온 바람이
눈물 그렁그렁 향을 어루만지더니
꽃술 같은 미소를 머금고 떠나네.

노래 장단에 춤사위 지고
땅거미 내리는 호반, 청사초롱 밝아지니
다시 묘약에 취하는 몽환의 그림 속
전주 덕진호반이 어느 연록보다 아름답다며
동녘에 떠오르는 달님의 탄성을 들었네.
나 어떤 인연으로 여기 섰기에
이리도 흔들리는 그림자
빈손이라 슬픈 찬란함인가!

그래도 전라북도야!

임금은 사기치고, 안 지키고
신료들은 이 핑계 저 핑계 젖혀놓기
어찌어찌 돌아온 콩고물도 눈감고 대패질
반세기 지나 글겅글겅 가난해진 북도야!

푸대접 쓰고 아등바등 살아봤자
자식새끼 쪽박 채운다고 외지로 떠나고
애면글면 눈물로 말라 가는 전라북도야!

그래도 난 안 갈래.
어느 구름인가 비 묻어오는 날 있겠지
바람 따뜻할 때 따뜻하고 시원할 때 시원해
나비 날고 새들 노래하고 별이 총총
지진도 태풍도 없는 여기, 나는 못 떠나.

물 말아 밥 한 그릇 간장 찍고
베개 돋우고 누우면 그만
세상사 어차피 낯선 하룻밤 꿈인걸.

지금 머물러 있는 여길 사랑해야지.
죽어서도 사랑해야지, 가긴 어딜 가.

호남제일문

푸대접 견디다 못해
눈치 보며 떠나던 바람 한 점
떠나는 꼬리에
민들레 홀씨도 묻어갑니다.

옛 영화는 어디로 사라지고
수문장은 서 있어도
날마다 달마다 줄어드는 애드벌룬

떠날 사람도 울고
남을 사람도 울고
달마다 해마다 줄어드는 애드벌룬

떠날 사람도 울고
남을 사람도 울고
달마다 해마다 줄어드는 도세.

수문장 님

당신도 울고 있기에

추레한 어깨, 그리 흔들리십니까.

- 전주 톨게이트를 지나 시내로 진입하는 6차선 도로, 월드컵축구 경기장 옆에 호남 땅임을 알리는 관문, 호남 제일 문의 위영이 쪼그라드는 도세(道勢) 때문에 오히려 서글퍼 보인다.

전주 예찬

나 홀로 길을 나서서
세상의 바다를 보게 한 곳도 전주다.
푸른 산이 하늘에 닿은 듯
가슴 뛰고 설레게 한 곳도 전주다.
서울, 경상도…, 찍고 돌며
전주비빔밥 콩나물을 자랑으로 먹어온 나
돌아와 언제나 변함없는 어머니 품으로,
따뜻해 길을 잃어버리고
길을 잃을수록 의미가 더해지는 곳,
융단 같은 바람은
날기를 포기해도 좋다고 귀띔하고
눈 내리듯 때맞춰 오고가는 형제들이
한 박자 더 느린 진양조로 불러내어
천천히 걸을수록 자유로워지는 곳이라고
호호 허허허 너털웃음 두어 마당쯤
그때나 오늘이나 질펀해 좋은 사람들
얼씨구나…! 한 축으로 감고 도는 하늘은
어제도 내일도 오늘같이 맑고 푸르구나.

님들은 영원의 해보라
  -웅치전투, 영령에게 바치는 추모 詩

세상의 으뜸소리
조선의 소리
꽹과리는 잰잰잰
징울음 징 징 징
격금내어 잰잰잰잰 징징징징
부서져라 두드려 임을 부르옵니다.
시리도록 서러워, 서럽게 임을 추모합니다.

아— 돌고 돌아 먼 세월 4백년
강산이 변하고 인걸은 바뀌어도
어찌 해와 달이 변하오리까?
화살과 비수로 지켜낸 충절이 변하오리까?

임진년 칠월
뜨거움 받쳐 불꽃으로 떠나신 충혼들이시어
웅치 고갯마루에
옥으로 부서진 영령들이시여
우리 오늘 다시
그 날의 충절을 기리며

맘과 맘을 바치는 추모제를 올리오니
돌아와 돌아와 굽어살피시옵소서!
돌아오시어 마음 받아 흠향 하시옵소서!

동방의 고요하던 나라 조선의 산하에
총성과 살육과 피비린내의 임진왜란
돌아 오르는 솟구침은 하늘의 눈물이요,
돌아내림은 진토에 묻히는 넋이었습니다.
나라 위해 바친 충절을 추모하는 징징징
임들은 지상에서 영원으로 뜬 꽃보라
영원에서 영원으로 남은 해보라십니다.

보시옵소서!
웅치 사수 결사의 8백 충혼이시어
그 날의 목책은 호남의 숲이 되고
그 날의 화살촉은 겨레의 산딸기로
빨갛게 여물어 익었네요.

만덕산 은내봉에 뻐꾹 뻑뻑꾹
만덕산 부암봉에 삐— 삐빌리
새가 되어 구만리 창공에
푸른 꿈으로 화답하시나요?

보시옵소서!
조선의 푸르디푸른 청공 아래
임들의 넋이 묻힌 웅지 고개
약무호남 시무국가
그 날들의 자랑스런 눈물 새겨
청사에 찬연한 성역이 터를 닦으오리다.

조선의 소리 잰잰 징징
천상의 소리 잰잰 징징
격금 내어 잰잰 징징 잰잰 징징
시리도록 두들기는 마음 받아 흠향하시옵소서!

임 들 은 지 상 에 서 영 원 으 로

다시

영 원 에 서

영 원 의 해보 라.

- 웅치고개 : 완주군 소양면에서 진안군 부귀면으로 넘는 옛길, 험한 고개
- 임진왜란 : 425주년(1592년-2017년) 추모제에 살풀이춤과 음악과 詩 3중주를 봉헌.

5부

노병은 사라지리라

머들령 추억

'문예가족' 봄나들이 문학기행을, 충남의 금산군 '머들령 하늘물빛정원'으로 다녀왔는데, 그렇게 넓고 이름난 곳도 아니고, 다만 '머들령'이라는 영마루가 있어 머들령 으로 더 분위기 있는 산 아래, 자그마한 저수지였습니다.

그 주변을, 철쭉 자목련 나리 예쁘게 가꾼 버드나무, 때맞춰 꽃도 피고 잎도 피어 조화롭더군요, 거기에 뭉게구름이 내려와 파란 하늘을 살어나 호수 이래 연춤시키니 더 아름답고, 그래서 그냥 아담하고 품위 있는 연못일 뿐인데. 아니 하나의 촬영장 세트 같은데, 그래도 꽤 많은 관객들이 찾아와 조연이거나 주연 배우로 놀고 있었어요.

거기 '머들령'이라는 문패를 단 식당, 몽골의 게르 하우스식 건물 안에서 세팅지 깔고 제법 근사한 구이요리를 먹으면서, 일행들의 행복한 얼굴 하나 하나를 바라보았어요.
 몇 생애를 함께 해왔던 형제들이었을까? 아니면 그때도 詩를 함께 하던 도반이었을까? 그런 정분이 느껴와 음식은 더 맛있고 식사는 더 즐거웠습니다.

점심 후 호숫가를 걸어 보고, 사진을 찍거나, 삼삼오오 모정에 앉아, 새처럼 지저귀며 추억을 만드느라 열심이었습니다. 그런 일들을 보기만 하는 것으로도 덩달아 즐거웠습니다.

'문예가족' 가족들의 고리가 얼마나 끈끈하고 무게 나갈까!

1967년 10월 12일 활판인쇄로 65쪽 창간호를 냈으니 반세기 넘는 세월, 많은 동인들이 떠나고 새로 들어오고 꿈결같이 흐르면서 거듭났음이 여여한데, 또 얼마나 더 많은 세월이 포개져 몇 대를 물고 내려갈 것인가! 부질없는 욕심도 내보았습니다.

- 머들령 : 충남 금산군 추부면 요광1리. 충북 옥천으로 장태산을 넘는 고개

선암사 기행
-문예가족 2012년 봄나들이

홍 매화가 한창일 거라고
선암사로 방향을 돌려 왔는데
매화는 아직 젖몽오리도 안 핀 아기
애써 우겨댄 조 시인은 거짓말꾼 되고
모처럼 기대 서운케 무너졌지만
우리가 누구여, 의기소침할 친구들인가?
할미새처럼 종알대고 꽁알거리고
까마귀처럼 침묵하다가도 할 말은 꽉꽉
제 버릇대로 지지고 볶고 뒤집고
5월의 길목에 바람 뜬 풍선들이지.
그래서 우린 문예가족 아닌가?
선암사 사적기(事蹟記)를 꼼꼼히 챙기고
'승선교' '석탑' '누운소나무' 앵글을 맞추고
글감을 찾는 실꾸리 눈에 감겨드는 조계산
어어둥둥 좋구나 자유다 자유!
신록에 햇살 내리고 바람난 가족들
산나물 더덕구이 맛있더라 취해버린 박 화백
너도나도 몰라 우리들 다 몰라라
논들 밭들 다 돌아가는 풍광
조계산 함께 돌아가던 문학기행 그 날.

여름 끝 소중한 날

시원하고 상큼해 살맛나는 날이라고
전화를 받고서야
가로수 아래 인도를 걸어봅니다.
달포나 가뭄 뒤로
20여일 이상 폭염주의보
다시는 이 땅에 비 같은 건 없고
시원한 바람도 없을 것만 같던 나날
어떻게 비구름이 몰려왔는지 경이롭습니다.
행인들도 말끔한 눈웃음입니다.

길 건너 가로수에서
이쪽 은행나무로 날아드는 새 한 마리
찌지직 소스라치는 매미소리에 놀라 보니
고추잠자리도 비를 피해 쉬고 있었습니다.
아— 매미와 잠자리까지
나무는 저들의 생명까지 품에 안고…
비를 피해주는 요람이구나!
저 소중함
서러움은 할 수 없는 일이어서
작아지는 나를 봅니다.

어느 노병의 연가
   -방 원장께 보내는 연정

무언지 모를 안타까움에
왠지 모를 그리움에
한 밤 깨어 생각하다
두 밤, 세 밤, 날을 앓다가
오라ー! 그 선험의 알람

아득히 먼 젊은 날
첫 부임신고를 하던 방 소위
작전 중 부상으로 퇴역한
내 공병 후배 육군 장교
그래ー 그런 일, 그가 날 끌어냈구나.

실명을 안고 돌아간
그 방 소위 같은 방 원장
육 척 키에 젊은 기상으로의 당당함
나에게 흰 구름을 보게 하고

저 웅숭 깊은 음성으로 ー차렷, 경례.ー
우스개도 잘하는 일상의 영혼에
연민을 보낸다.

그리움

여기 하반영 화백의
그림 한 폭

감나무가 높은
대문 밖

아이 밴 새색시
언덕길만 내려다보고 섰다.

까치 한 마리
홍시를 쪼다말고 날아간
빈 하늘

그림자만 내려앉은
토요일 오후.

골프

저 그린필드의 구릉은
조물주의 여신을 훔친 곡선이다.

저 질펀한 미각을
공이 굴러가고

남자골퍼들은 즈려밟아 핥는다.
여자골퍼들은 누빔질로 핥는다.

공이 컵에 드는 소리
―골 커 덕

저 소리 저 제스처는
애당초 여신의 오르가즘이었다.

한 표의 의미

이발도 하고
목욕재계로 때빼고 광낸
깨끗한 한 표
누구 살 사람 없습니까?

얼마나 드리면 되는데요?
억, 한 장

넷?!

억 소리 한 번
남기고 떠나신
그 민주열사를 아시죠?

나도 억!
그렇게 가고 싶은 민주 지킴이올시다.

아하….

늙으면 눈물이 많아진다

동백향이 스며오는데
왜, 눈물인가!
개나리는 명도가 너무 맑아 눈물인가!
손자들이 품으로 안겨들어도 슬픔이 삐죽이고
딸이 승진했다는 전화를 받는데
'축하한다'는 말이 곧 울먹임이 되었다.

빛바랜 액자 속에 사진 한 장
언제나 애련한 추억이요 왠지 모를 슬픔이더니
밖에 풍경 하나에도 눈물이 삐죽이고
모래 위에 쓴 이름 석 자 물결에 쓸리는데
그게 어느 날 울음이 될 줄이야.

참 어처구니없구나.
욕심도, 미움도, 분노도, 차별도
다 내려놓았는가 싶더니
그 자리로 말라버렸던 눈물이 채워졌나!
사랑이라는 것
애욕은 내려놓기가 더 어려운가 보다.

잠들지 못하는 밤

잠이 안 오는 밤은 푸시시
부끄럼으로 얼룩진 갈피가 열린다.
멀고 먼 회한이다가 천길 낭떠러지 어둠이다가
문득 한 생각 열려
엷은 배낭 걸메고 풀꽃, 강, 산, 김영랑, 천상병,
바다 길 하늘 길 타고 공자, 석가의
선 자리 앉은자리 둘러온 날 되짚고
시골 장날이면 도시 저자거리를 돌다
시장기 들면 날아가 버리는 가시나무새
못다 한 욕심인가 늙은이의 회한인가
그게 그만하고 저게 저만할 뿐
횃불 같은 새로운 생각 열리지 않고
대박은 아니라도 마음에 맞는 마음 하나 못 찾네.

잠들지 못하는 밤이 詩를 불러왔는지
못 만드는 詩가, 밤을 구겨 보내는지
뒤척이다 일어나 차지만 남는 하얀 새벽
이제 안 되는 모양이라고 고개 흔들어오는 아침.

감성의 세포! 열정의 온도?
늙었다는 탄식엔 늙음의 가속도가 붙어
어제보다 오늘이 더 빨리 늙고
내일은 더더욱 빨리 달아날 터인데
부질없이 '잠 못 드는 밤'의 횟수만 자자지다
중머리 넘어 자진몰이 휘모리로 돌다 떠나겠네.

'아서 내비 두어라'
이름 없는 풀꽃이라고 낙화인들 꽃이 아니던가?
가끔 뜨겁던 그 사랑 바람 불면 휘날려 가리니
짧은 한 시절 아름다이 태우던 불꽃
향은 짙고 웅숭깊었으며
정직한 시인이었노라고 뒷말이나 전해주게.

노병은 사라지리라

소리 없이 사라지는 것도
아름다움이리라.

돌아온 후광이 밝았다 한들
얼마며
잔영(殘影)이 남아 또 무엇하리.

이 영혼 하늘에 맡기는데
인간사 몸무게는 묻지도 않는다오.
하여 '없으면 사라진 줄 알게'

홀연히 사라지리라
고별사 있음보다
없음이 더 깔끔해

어느 양지바른 곳에 봄눈 녹듯 사라지리라
어떤 가을 산마루에 노을 지듯 사라지리라.

■ 이목윤 시집 발문

구심력과 원심력의 가슴앓이 변주

– 이목윤 시집 『은하계 아내별 통신』을 감상하며

문학평론가 리 헌 석
사단법인 문학사랑협의회 이사장

1.

　김일성을 수괴(首魁)로 한 북한군의 6.25 남침으로 발발한 남북전쟁은 우리 겨레의 비극이었을 뿐만 아니라, 아직도 가슴앓이가 끝나지 않은 현재 진행형입니다. 그들은 어느 정도 안정기에 들어 가슴앓이가 가라앉을 만하면, 천안함 폭침 사건, 연평도 포격 사건, 휴전선 목침 지뢰 사건 등을 일으키며 끊임없이 도발하고 있습니다. 근래에는 핵폭탄으로 우리의 삶을 송두리째 무너뜨릴 위협을 가하고 있습니다.

　전쟁의 참상에서 헤아릴 수 없는 용사들이 희생되었을 터이지만, 현실에서 마주할 수 있는 실증적 증인이 바로 이목윤 시인입니다. 상이용사였음을 기억하고 있었지만, 2018년에 처음 대면하였을 때, 안면에서 느껴지는 비애와 고독, 그리고 손을 잡았을 때 느껴지는 아픔으로 인해 잠시 가슴이 먹먹하였습니다. 동시에 지금까지 빚어낸 6권의 시집, 3권의 소설집을 떠올리며, 그 간의 삶이 얼마나 신산(辛酸)하였을까, 생각하느라 잡은 손을 놓지 못하였습니다.

선생 스스로 마지막 시집일 수도 있다는 7시집 『은하계 아내별 통신』의 작품을 감상하며, 민족의 아픔과 함께 개인적 슬픔이 어떤 양상으로 발현되는가를 조감할 수 있었습니다.

> 산하(山河)에 포성은 아직 울고
> 치유불능의 귀는
> 탄피를 쏟아내는 이명(耳鳴)으로 울고
> 살고 싶냐고 물으면 죽고 싶다고
> 죽고 싶냐고 물으면 살고 싶다고
> 목 놓아 울던 세월
> 어머니 몰래 죽고 싶었던 세월,
> 어머니 자궁 속에 숨었다가
> 다시 만들어지고픈 자화상,
> ―「진혼곡, 울어 지친 65주년」 일부

이목윤 시인은 6.25 직후, 육군 중위로서 실전과 같은 훈련에 참가하던 중, 포탄이 터져 감당할 수 없는 상처를 치료받은 뒤 육군 대위로 전역합니다. 신체는 비록 일그러졌지만, 정신만은 별빛보다 밝아서 주제가 살아 있는 시를 빚습니다. 앞의 시행에 이어 창작된 장시(長詩)를 통하여 우리는 그의 삶을 유추할 수 있습니다. 〈팔 하나 쓸어안고 절룩절룩 돌아온 고향〉에서도 포화에 무너진 강둑이며 이지러진 나무가 시인을 맞이합니다.

절망의 구렁텅이에서 삶과 죽음을 가늠하던 이목윤 시인에게 젊은 처자 '김남순 여사'가 구세주처럼 다가옵니다. 〈가난한 집 천사 하나 길 따라 온다기에/ 짚신 한 짝 꿰듯 부부〉가 됩니다. 〈한 여인의 사랑을 잡아주는 왼손 있어/ 한 아버지로 울타리 지켜내는 왼손 있어/ 한 생의 표현을 찍어내는 활자로/ 업보의 창살을 가르는 톱날로/ 마지막 눈물까지 닦아줄 왼손 있어/ 땅을 짚고 일어서는 왼손/ 하늘 가리키며 일어서는 왼손〉이 있어 살기로 마음을 잡습니다. 〈그냥 저냥 어머니 말씀대로/ 왼손 있어, 울 엄마 소원대로/ 엄니 눈물에 갇혀서라도 살기로 했지요./ 개똥처럼 굴러도 살기로 했지요.〉 그는 산수(傘壽, 80세)를 넘길 때까지, 증언(證言)으로서의 작품을 창작하며 영혼의 불꽃을 태웁니다.

> 감나무가 높은
> 대문 밖
>
> 아이 밴 새색시
> 언덕길만 내려다보고 섰다.
>
> 까치 한 마리
> 홍시를 쪼다말고 날아간
> 빈 하늘
>
> 그림자만 내려앉은
> 토요일 오후.
> ─「그리움(존재를 위한)」일부

전쟁의 상흔(傷痕)을 찾아볼 수 없을 정도로 관조적인 작품입니다. 토하고 싶은 말이 있어도 울음 참듯이 꾹 눌러 참은 듯한 공감대, 가볍게 스케치하듯 분위기만 묘사한 작품에서 평화를 갈구하는 시인의 내면을 들여다 볼 수 있습니다. 〈여기 하반영 화백의/ 그림 한 폭〉(생략된 1연)을 되살려낸다고 할지라도, 시인은 전쟁의 참상과 포화의 잔해에서 새롭고 오롯한 삶을 희구(希求)하고 있음을 알 수 있습니다.

이런 소망을 잘 가꾸어 몇 십 년의 세월이 흐른 뒤, 〈어제는 손자를 연무대(충남 논산시의 육군 훈련소)로 보내고 오는 길/ 여태 그 하늘에선 슬픈 깃발이 나부끼고/ 무용담처럼 유랑 길을 돌아 돌아/ 절뚝이며 절룩이던 노래〉〈철책선에 걸려 있는 메아리〉를 찾아내기에 이릅니다. 이렇듯이 조국 분단의 아픔은 화인(火印)처럼 가슴에 남아 있지만, 삶의 켠켠에서 만나는 희로애락(喜怒哀樂)에 묻혀 일상을 빚습니다.

2.

이목윤 시인은 아내 김남순 여사와 결혼하고, 자녀를 낳아 양육하며, 아내의 정성어린 돌봄에 의지하여 평안한 세상을 살아갑니다. 그런데 시인에게 있어 세상은 그리 만만한 게 아니었습니다. 호사다마(好事多魔)랄까, 함께 늙어갈 단꿈을 훼방 놓는 아내의 폐암 말기 진단, 시인은 〈마음 속 깊은 곳에서 병이 쇠어버린 아내/ 어쩜 좋아?〉〈맨 하늘에 천둥이 울고/ 도시 숲이 노랗게 부서져〉 내리는 운명에 직

면합니다.

  시인의 아내는 암 병동에 입원하고, 설상가상으로, 그도 교통사고로 다리에 깁스하고 다른 병동에 눕게 됩니다. 아내가 걱정되어 〈몸 속 여기저기 벌레 기어다니는 스멀거림〉을 참지 못하고, 〈나를 가둔 세상 끝/ 벼락 맞은 나무의 고독〉을 못 견디어 아내에게 전화를 합니다.

> 그리움 사무치는 오후 4시
> 기어이 핸드폰 20번을 눌러
> 아내 음성을 듣는다.
> 사랑한다고….
> ―나도 사랑합니다!
> 끝내 울먹이는 정분….
>
> 울먹이며 외치고 포효하다
> 눈앞이 캄캄해지는 더 무서운 고독
> 외로움에 갇힌 섬 하나
> 천길 깊어 만 길이나 먼 사방
> 파도소리만 출렁이는 바다.
>   ―「바다에 뜬 섬」일부

  폐암과의 사투, 〈1년이 한계였던가/ 갑자기 쇠락하는 모습〉, 응급실에서 찍은 아내의 뇌 사진에는 종양이 6개나 보인다면서 〈어쩔 수 없는 단계 운명을 받아들여야〉 한다는 의사의 선고가 떨어집니다. 그리하여 그는 〈이제 정말 끈을 놓아야 된다는 말입니까?〉 절망하며 혼자 보내야 하는 슬픔을 가늠합니다. 2015년 7월 29일, 시인의 아내는 〈그렇게 넓었던 미움도 고움도/ 그토록 길었던 이야기들 모두〉 남겨 놓고 〈한 가닥 불꽃〉처럼 사라집니다. 그는 아이들과 함께 오열(嗚咽)하며, 하늘을 거스릅니다.

> 우리는 이별이 아닙니다.
> 유효기간이 꽤 남은 당신과 나의 여권
> 겟세마네 동산도 가보고 요단강도 건너보고
> 싸목싸목 여행이나 하자던 약속 남았습니다.
> ―「이별이 아닙니다」일부

　예고된 이별이었지만 시인은 〈우리 둘에게는 이별이란 없습니다./ 당신이 먼저 떠난 하늘나라에/ 내가 뒤따라간다는 약속이 있을 뿐〉이라고 강변합니다. 명(命)을 다하여 어느 별나라에 가거든 '깍꿍!' 술래잡기처럼 다시 만나 이승에서보다 더 오순도순 살기를 소망합니다. 다시 한 세월을 이어 억겁의 인연을 만들어 가자고 약속합니다. 시인의 가슴에 아내 이름 김남순은 〈불꽃같은 매듭〉이며 〈매듭으로 남은 이름〉입니다. 〈남은 세월/ 내가 부르다 불꽃으로 돌아갈 이름〉과의 만남을 이루기 위하여, 상상 세계를 창조합니다.

> 베토벤의 '운명'곡이 연주되다.
> 음악은 배경으로 깔리면서
> 천장에 나타나는 아내의 얼굴이

날개옷 입은 그대로 웃는 모습이다.

아니, 여보, 당신! 이게 웬일이요?
그토록 오래 깜깜무소식이더니
꿈입니까! 생시입니까?

많이 기다리셨군요, 저두요.
놀라지 마세요, 꿈도 아니고 현상 그대로
제가 별나라에서 보내는 화상통신이어요.
　　　－「은하계 아내별 통신 1」일부

　시인의 상상력은 무한대로 열려 있어 노래하지 못할 게 없습니다. 이목윤 시인 역시 상상력의 달인답게 천국의 아내와 화싱통회를 합니다. 그리움이 차고 넘치면, 이르지 못할 곳이 없을 터, 화상통화를 통하여 사랑을 확인하고, 다음 생에 만나서 행복하게 살아갈 것을 약속합니다. 사무친 그리움은 아내의 별자리마저 우주과학에 맞추어 좌표를 설정합니다.

이 날개옷의 전파로 당신의 영혼을 깨웠고
화면으로 보내는 영상이에요.
그럼 당신이 별이 되었다고요?
그럼요.
은하계 백조자리 남남동 3경 99연 8치 5번
3등성으로 반짝이고 있어요.
　　　－「은하계 아내별 통신 1」일부

그러나 지구별에서 함께 살 때처럼 느긋하게 오랫동안 통화를 할 수 없는 한계에 이릅니다. 화상 통화는 그리움이 더할수록 부족하게 마련입니다. 그래서 부부는 은하계 안에 있으며, 서로 아프지 말 것과 다시 만나기를 기대합니다. 그럴 때마다 액자 속에서 웃고 있는 아내를 바라보며 아름다운 그리움을 가꿉니다.

> 가슴 한 쪽 구멍 나
> 바람 들랑거리는 공허는
> 액자 속에 웃는 당신을 보다가
> 구석구석 배어든 당신 손 냄새에
> 호두알 같은 그리움이고 눈물입니다.
> ―「은하계 아내별 통신 3」 일부

이목윤 시인은 상상력을 살려 빚은 작품「은하계 아내별 통신 7」까지 시집에 수록합니다. 6번은 장시이고, 7번은 산문시 형태의 장시로 창작되어 서정과 서사의 조화를 이룹니다. 그러다가 아내의 모습이 보이지 않는 날이면, 〈그리운 사람 당신이어!/ 요즘 몇 달 통신이 더디옵니다./ 무슨 일 있으신지요?/ 아니면 날 잊으심인지요?/ 남은 생애 숨 다할 때까지/ 더 착실하게 당신 맘에 꽉 차는 사람 되려고/ 딴은 애쓰는데/ 혹여 날 잊으심인지, 아니죠?〉 걱정하느라 밤잠을 설칩니다.

〈사노라면 잊힌다는 말/ 말짱/ 거짓입니다〉는 작품「사노라면 잊힌다는 말」의 결구(結句)입니다. 은하계 안에 자리 잡고 있는 아내와 화상통화로 그리움을 달래는 시인은 세상 사람들이 위로하는 말에 의미를 두지 않습니다, 언제인가 은하계에 있는 아내의 좌표를 찾아 상봉할 그날만을 기다립니다. 이런 형상화는 바로 사랑의 힘에 의한 창작이기에 이목윤 시인의 독자적 형상화가 빛납니다.

3.
　전설에 의하면, 하나의 날개를 가진 비익조(比翼鳥)는 짝을 이루어야 하늘을 날 수 있다고 합니다. 인간은 하나의 날개도 가지지 못하여 스스로 하늘을 날 수 없습니다. 그래서 이목윤 시인도 상상 속에서 '천사의 날개'를 설정합니다. 그리스 신화의 이카로스 역시 하늘을 날기 위해 날개를 만든 뒤 태양을 향하여 날아가지만, 태양 가까이에서 밀랍이 녹아 '이카리아' 바다에 떨어지는 한계를 보입니다. 이는 욕심을 부리지 말고, 바르고 정직하게, 봉사하고 사랑하며 살아가야 함을 말합니다.

　삶의 도정에서 만나는 여러 덕목 중에서 이목윤 시인은 '용서'를 가장 중요하게 인식합니다. 〈뜨겁게 용서해 보셔요〉 자신을 미워한 사람이나, 자신을 시기질투한 사람이나, 야속하게 자신보다 먼저 떠난 사람이나, 그리워도 볼 수 없는 사람을 미워하지 않고 용서하는 것이 중요합니다. 용서하되, 표층적 용서뿐만 아니라, 미움의 근원까지 용서하는 것이 진정한 용서라 밝힙니다.

뜨겁게 용서해보셔요.
뿌리까지 용서하면
눈물이 펑펑 쏟아질 거여요.
그 때 발치에 사랑이 보여요.

서로 서로
아픈 눈물 닦아주고
가슴으로 가슴을 꼭 —안아보셔요.

하나는 나비 되고
하나는 백합 되고
내 안에 비치는 햇살이고
네 안에 불어 가는 바람 되지요.
―「사랑할 수 있어요」일부

  미운 사람을 용서하고 화해하는 일은 천심(天心)에 닿아 있을 터, 그리하여 이목윤 시인 역시 서로 사랑하는 삶을 권합니다. 시심(詩心)을 천심(天心)이라고 정의하고 있는 그의 주장에 근거한다면, 용서하고 화해하는 일이 시인의 사명이라는 결론에 이릅니다. 그리하여 이목윤 시인은 자신이 살아오면서 가끔 만나거나 느껴본 '엇나가는 시선'까지 감내하고 용서하며, 졸수(卒壽, 90세)를 향한 도정에 있습니다.
  앞으로도 은하계에서 반짝이는 아내별과 화상통화를 하면서, 이 세상 사람들의 가슴에 용서와 화해의 씨를 더 많이 뿌리리라 믿습니다. 그리하여 이 세상이 용서와 화해를 바탕으로 나날이 행복하기를 간구하며, 이목윤 시인의 7시집 작품 감상을 맺습니다.

이목윤 시집

은하계 아내별 통신
이목윤 시집

발 행 일	2019년 02월 22일
지 은 이	이목윤
발 행 인	李憲錫
발 행 처	오늘의문학사
출판등록	제55호(1993년 6월 23일)
주　　소	대전광역시 동구 대전로 867번길 52(한밭오피스텔 401호)
전화번호	(042)624-2980
팩시밀리	(042)628-2983
전자우편	hs2980@hanmail.net
카　 페	cafe.daum.net/gljang(문학사랑 글짱들)
	cafe.daum.net/art-i-ma(아트매거진)

공 급 처	한국출판협동조합
주문전화	(070)7119-1752
팩시밀리	(031)944-8234~6

ISBN 978-89-5669-991-2
값 9,000원

ⓒ이목윤. 2019

* 이 책은 교보문고에서 E-Book(전자책)으로 제작·판매합니다.
* 잘못 제작된 책은 바꾸어 드립니다.

* 이 도서의 국립중앙도서관 출판예정도서목록(CIP)은
서지정보유통지원시스템 홈페이지(http://seoji.nl.go.kr)와
국가자료종합목록시스템(http://www.nl.go.kr/kolisnet)에서
이용하실 수 있습니다. (CIP제어번호 : CIP2019006795)